V&R

Dienst am Wort

Die Reihe für Gottesdienst und Gemeindearbeit

77
Konfirmationsjubiläen

Verlag Vandenhoeck & Ruprecht
in Göttingen

Konfirmationsjubiläen

Praktische Hilfen

Herausgegeben von
Hans-Helmar Auel

Verlag Vandenhoeck & Ruprecht
in Göttingen

Die Deutsche Bibliothek – CIP-Einheitsaufnahme

Konfirmationsjubiläen: praktische Hilfen / hrsg. von
Hans-Helmar Auel. – Göttingen: Vandenhoeck und
Ruprecht, 1997
  (Dienst am Wort; 77)
  ISBN 3-525-59340-6
NE: Auel, Hans-Helmar [Hrsg.]; GT

Satz: Grohs, Landolfshausen.
Druck und Bindearbeit: Hubert & Co., Göttingen.

Inhalt

IV. PSALMEN UND MEDITATIONEN

V. LIEDPREDIGTEN

VI. Predigten zur Silbernen Konfirmation

VII. Predigten zur Goldenen Konfirmation

VIII. Predigten zur Diamantenen Konfirmation

Vorwort

Immer größer wird die Zahl der Kirchengemeinden, die zu Konfirmationsjubiläen einladen. Wir wissen aber nicht genau, wann und wo es – zunächst mit der Goldenen Konfirmation – angefangen hat, irgendwann in unserem Jahrhundert. Nach und nach wurden dann Silberne und Diamantene Konfirmationen als mögliche und sinnvolle kirchliche und religiöse Feste entdeckt. Einzelne Gemeinden laden mittlerweile sogar zur Eisernen Konfirmation ein.

Es fällt auf, daß dieser in weiten Bereichen geübten gemeindlichen Praxis ein Schweigen in der theologischen Fachliteratur gegenübersteht. Die Theol. Realenzyklopädie (TRE, Bd. 19, 1990) schweigt sich über Konfirmationsjubiläen aus. In seiner zweibändigen „Liturgik" (Bd. 1, 1992; Bd. 2, 1994) sagt uns Rainer Volp nichts über Konfirmationsjubiläen. Ebenso schweigt zu diesem Punkt das von Hans-Christoph Schmidt-Lauber und Karl-Heinrich Bieritz herausgegebene „Handbuch der Liturgik" (Göttingen 1994; zweite Auflage 1996). Worin liegt der Grund, daß diese gemeindliche Praxis noch nicht Eingang gefunden hat in die theologische Fachliteratur?

Ebenso ist auffällig, daß es bisher – so weit ich sehen kann – noch kein Buch über Konfirmationsjubiläen gibt. Immerhin erscheinen manchmal Predigten, besonders zur Goldenen Konfirmation. So betreten wir mit diesem Buch ein Stück Neuland. Deshalb möchte ich an dieser Stelle eine Bitte äußern:

- Schreiben Sie mir bitte, welches Konfirmationsjubiläum bei Ihnen gefeiert wird;
- wenn Sie es herausfinden können, teilen Sie mir bitte auch mit, seit wann bei Ihnen Konfirmationsjubiläen gefeiert werden;
- fügen Sie bitte hinzu, zu welcher Landeskirche Sie gehören.

Sie helfen damit, unser Wissen über die Entstehung und Verbreitung von Konfirmationsjubiläen auf eine breitere Basis zu stellen. Schreiben Sie bitte an:

Pfarrer Hans-Helmar Auel, Obergasse 13, 34590 Wabern-Harle.

Bedanken möchte ich mich bei Gundula und Frank Bolz, Bernd Laukel, Heike Schneider und Heike Sommerfeld. Sie haben zum Entstehen dieses Buches nicht unwesentlich beigetragen. Herr Dr. Wolfgang Schulz vom Verlag hat durch seinen fachkundigen Rat die Weichen gestellt. Die Meditation „Trennung" ist entstanden, nachdem ich das Vorwort von Hans Jürgen Schulz zum gleichnamigen Buch (Kreuz-Verlag 1984) gelesen hatte. Hans -Winfried Auel führte mich geduldig in die mir fremde Welt des Computers ein ; Hans-Gerrit Auel war mir eine wertvolle Hilfe bei der Korrektur. Mein besonderer Dank gilt meiner Frau Ellen-Liesel. Sie hält mir den Rücken frei.

Hans-Helmar Auel

I. Einführung

Zur Geschichte
der Konfirmationsjubiläen

Die Konfirmationsjubiläen, die als Silberne, Goldene oder Diamantene Konfirmation nunmehr in vielen Gemeinden gefeiert werden, gehören zur jüngsten Traditionsbildung der Kirche. Sie stellen eine „relativ junge Einrichtung"[1] innerhalb der besonderen Gottesdienste dar, die sich als Kasualfeiern in dieser Form erst in den fünfziger Jahren fest herausbildeten. Ein genaues Datum kann für die Entstehung in den Kirchengemeinden zum jetzigen Zeitpunkt noch nicht benannt werden, denn die Entstehungsgeschichte dieser Jubiläen müßte mit viel Detailkenntnis aus den Chroniken der Kirchengemeinden erst noch erfaßt und fixiert werden.[2] Fest steht nur, daß sich z.B. das Fest der Goldenen Konfirmation bereits im Jahr 1951 „eingebürgert"[3] hat, worauf das Lehrbuch der Liturgik von Rietschel / Graff aus demselben Jahr beinahe beiläufig hinweist. Dort finden sich auch erste Hinweise auf Deutung und Ausgestaltung der liturgischen Feier, wie sie sich als „Feier der Erinnerung, des Dankes und der Bereitschaft"[4] in den Gemeinden herauskristallisierte.

Der Gottesdienst zum Konfirmationsjubiläum „verläuft bis zur ersten Schriftlesung wie üblich. Es folgt die Festpredigt nebst Fürbitten usw.; danach vom Altar die eigentliche Feier mit Verlesung der Namen, Frage, ob sie willens seien, bei dem zu bleiben, der euch ,bis hierher gebracht hat'... und Antwort der Jubilare: ,Ja, Gott helfe uns! Amen'; darauf gemeinsam gesprochenes Glaubensbekenntnis, Segensworte, Gebet, Vater unser, Lied, Abendmahlsfeier."[5]

Diese erste Skizze über den Verlauf der Gottesdienstfeier und die randläufige Bemerkung über deren Einbürgerung in den Festkreis des Kirchenjahres deuten auf einen ungewöhnlichen Entstehungsprozeß hin. Nicht die Einführung durch eine agendarisch verordnete Feier steht am Anfang dieser Traditionsbildung, sondern vielmehr die Lebensäußerung und die Bitten von Gemeinden und ihren Gliedern, die um die Ausgestaltung eines Jubiläumsgottesdienstes in ihren Gemeinden baten. So unterschiedlich unter Umständen auch weitere Elemente und Motive damit verbunden wurden (Wiedersehen der einstigen Konfirmandengruppen, der ehemaligen Kirche und des Ortes ...) und diese Entwicklung forcierten, in jedem Falle stand am Ausgangspunkt dieser Lebensäußerung aus den Gemeinden die Bitte um eine genuin kirchliche Handlung. Sie wurde und wird seitdem stets mit dem Abendmahl unter dem Zuspruch des Segens und erneuter Vergewisserung des Weges durch das Wort Gottes verbunden.

In Bezug auf die Silberne Konfirmation ist seit den siebziger Jahren eine weitere Jubiläumsfeier „entstanden", die sich schließlich in ganz ähnlicher Form und Feier im Zug des Goldenen Konfirmationsjubiläums entwickelte.

Insofern stellt die Entstehungsgeschichte der Konfirmationsjubiläen eine wesentliche Äußerung und Prägung durch die Gemeinden dar, die zugleich in der Reihe der Kasualien (Taufe, Konfirmation, Trauung, Beerdigung) einzigartig ist.

Erst in der Verquickung unterschiedlich erfahrener und durchlebter Dimensionen – Glaube; persönlicher Lebenslauf und Handeln Gottes in der Lebensgeschichte – kam es zu der Bitte um eine Bestätigung der Segenshandlung. Sie sollte in Erinnerung an den einstmals erhaltenen Zuspruch und in Vergewisserung zu dem damals gesprochenen „Ja" der Glaubenden stehen.

Nach anfänglich zögerlichem Urteil und allerlei „Warnung vor der Gefahr solcher Gedächtnistage"[6] konnten sich die Jubiläumsfeiern der Goldenen, Silbernen und Diamantenen Konfirmation dennoch durchsetzen. Mancherorts wird sogar das Jubiläum der Eisernen Konfirmation begangen.

In der Regel rückt dann im Rahmen der einladenden und feiernden Gottesdienstgemeinde das Proprium des jeweiligen Sonntags zugunsten des Kasus „Konfirmationsjubiläum" an den Rand. Der liturgische Ort im Kirchenjahr wird von den

Verantwortlichen in den Gemeinden ganz unterschiedlich bestimmt. In manchen Kirchengemeinden besteht die Tendenz, die Konfirmationsjubiläen an einem Sonntag in der Osterzeit zu feiern, der „Grünen" Konfirmation nachgeordnet. Auch eine zyklische Einordnung in das Kirchenjahr in Zuordnung zu den Lebensabschnitten wird mancherorts gewählt, so daß die Silberne Konfirmation in der „Blüte des Sommers" gefeiert wird oder die Goldene Konfirmation am Ende des Sommers und Beginn des Herbstes – beide also in der Trinitatiszeit. Wenig sinnvoll erscheint dagegen die Lösung und Motivation, Jubiläen innerhalb der Passionszeit oder in anderen Bußzeiten des Kirchenjahres zu feiern, deren Proprium und Charakter dann völlig verändert bzw. gänzlich aufgehoben wird.

Die erste liturgische Ordnung für ein Konfirmationsjubiläum wurde im Jahr 1962 von der VELKD herausgegeben als wegweisende Antwort auf die Anfrage aus den Gemeinden. Weitere Gestaltungshilfen aus einzelnen Landeskirchen folgten, insbesondere in den letzten Jahren.[7]

Der anhaltend unterschiedlichen Bewertung solcher Jubiläumsfeiern ist zuletzt eine vorbehaltlos positive Einschätzung gewichen, so daß mittlerweile von den Konfirmationsjubiläen als „wichtigster Alterskasualie"[8] gesprochen wird, z. B. Wolfgang Brjanzew im Deutschen Pfarrerblatt (Heft 4 1990, S. 149): „In meinem Dienst als Gemeindepfarrer kann ich immer wieder feststellen, daß sich Konfirmationsjubiläen bei unseren Gemeindegliedern großer Beliebtheit erfreuen."

Ob die Jubiläen wirklich diese Bedeutung einnehmen werden, liegt in der Verantwortung der Kirchengemeinden und der Gemeindeglieder, die auch in Zukunft deutlich machen werden, welche Mitverantwortung sie für dieses Fest tragen und vor welchem Hintergrund das Fest seinen Sitz im Leben der Gemeinde erworben hat.

Anmerkungen

1 Bloth, Handbuch der Praktischen Theologie, 210.
2 Vgl. Christian Zippert, Besondere Gottesdienste: Gestaltungshilfen zum Konfirmationsjubiläum, 6.
3 Rietschel / Graff, Lehrbuch der Liturgik, Bd. 1, 1977, 677.
4 Ebd.
5 Ebd.
6 Kalb, Grundriß der Liturgie, 305f.
7 Vgl. z.B. Kurhessen-Waldeck: Besondere Gottesdienste, Gestaltungshilfen zum Konfirmationsjubiläum, 1986 erschienen, erarbeitet von der Liturgischen Kammer der EKKW, hg. vom LKA der EKKW.
8 Bloth, Handbuch der Praktischen Theologie, 211.

Konfirmationsjubiläen und Lebensalter

Silberne Konfirmation

Wenn sich das vierte Lebensjahrzehnt dem Ende zuneigt, dann haben wir die Hälfte des Lebens hinter uns. So lehrt es uns ein Blick auf die durchschnittliche Lebenserwartung in unserem Lande. Dieser Tatsache verschließen wir uns nur allzu oft. Und doch ahnen wir in der Tiefe unseres Wesens, daß es „von nun an bergab geht", wie man so schön sagt, als ständen wir über den Dingen.

Es ist dies die Zeit, in der wir die Silbernen Konfirmanden um uns sammeln. Wir treffen auf Menschen, die in ihren inneren Welten begonnen haben, über einst gesteckte Ziele nachzudenken. Was daran war sinnvoll? Was ging in Erfüllung? Und was erwies sich als hohl und leer?

So begegnen wir Menschen auf der Höhe ihrer Karriere. Mancher berufliche Traum ging in Erfüllung. Familienbande gaben Heimat. Der Rückblick auf die Zeit der Ausbildung und der Arbeit macht zufrieden. Stolz schwingt mit, es geschafft zu haben. Und es gibt genug Statussymbole, mit denen wir nach außen dokumentieren können, wie uns die Welt sehen soll.

Auf der anderen Seite sehen wir uns Menschen gegenüber, die sich um- oder neu orientieren. Lebensträume zerplatzten, Lebensversuche zerrissen. Der Leistungsdruck wird als immer übermächtiger empfunden, und manchmal drückt es einen nieder. In den Phasen der Depression entstehen Probleme mit Alkohol und Medikamenten. Erste Anzeichen von Schwäche und Krankheiten säumen den Lebensweg. Und bei Erhalt der Einladung zur Silbernen Konfirmation erwacht die bange Frage: Wie stehe ich vor den anderen da?

In der Mitte des Lebens ändern sich familiäre Situationen. Die Kinder sind in der Pubertät. Sie kämpfen um Freiheiten, benötigen Grenzen. Sie stellen die Eltern und ihre Erziehung in Frage. Auseinandersetzungen gehen an die Substanz, weil eigene Versäumnisse bewußt werden. Manchmal haben sich die Kinder schon abgenabelt. Zurück bleiben Vater und Mutter. Die haben nach den Jahren der „Aufzucht" nun (nur) noch sich selbst. Was bleibt dann an tragfähiger Gemeinsamkeit?

Manche Frauen orientieren sich neu, beginnen wieder ein Berufsleben, verlassen für längere Zeit am Tage das Haus, knüpfen neue soziale Kontakte, gewinnen Eigenständigkeit auch durch eigenes Einkommen. Das geht nicht ohne Konflikte ab. Und so halten Menschen nach neuen Partnern Ausschau, weil Unerträglichkeiten aufbrechen und mancher Kitt der Jahre bröselt.

Menschen in diesem Alter sind aktiv. Sie sind Mitglieder in Vereinen und Verbänden, haben gelernt zu organisieren und tragen Verantwortung.

Welchen Sinn hat es, Menschen in dieser Lebensphase mit der Feier der Silbernen Konfirmation ein religiöses Ritual anzubieten?

Das einst bei der Konfirmation versprochene „Ja" Gottes zu den Menschen und ihr „Ja" zu einem Leben mit Gott und vor Gott wird erinnert. Das rührt Menschen an. Sie werden empfindsam. Vielleicht erwacht in veränderter Weise die alte Beziehung zu Gott und schafft den Raum, in dem wir uns selbst aushalten lernen, um Ruhe zu finden für die Sorgen und Ängste, die aufbrechen. Hier kann Evangelium als Trost oder als neu eröffnende Lebensperspektive Wirklichkeit werden. So bieten sich Möglichkeiten zu Dank und Klage, auch zur Buße, zur Umkehr. Leben wird als von Gott geschenkt erfahrbar. Das kann jeder mitnehmen als „eiserne Ration" auf verschlungene Lebenspfade.

Goldene Konfirmation

Menschen, die Goldene Konfirmation feiern, sind etwa 65 Jahre alt. Bis vor wenigen Jahren war dies der Zeitpunkt, in Rente oder Pension zu gehen nach oftmals vierzig- oder fünfzigjähriger Tätigkeit in einem Beruf oder einem Betrieb. Das aber gilt nun nicht mehr.

Kinder waren sie zu der Zeit des 3. Reiches, erlebten den Krieg als Jugendliche, kennen Nöte und Entbehrungen, auch Flucht.

Sie waren beteiligt am wirtschaftlichen Aufbau des Landes, schufen mit am sogenannten Wirtschaftswunder und erlebten eine immer schneller sich wandelnde Zeit. Nun stehen sie im Ruhestand, sind mobil und hoffen, „sich noch ein paar schöne Jahre machen zu können".

Die Umstellung vom Arbeitsleben auf die viele freie Zeit ist nicht unproblematisch. Geregelte Zeiteinteilungen ändern sich. Jahrzehntelang ausgeübte Tätigkeit hat nun ein Ende. Wer rechtzeitig ein Hobby gefunden hat, ist gut dran. Wer sich jetzt erst auf die Suche macht, erlebt die viele freie Zeit oft als Last und wird unruhig in ihr.

Man zählt nun zu den Senioren (das Wort „alt" hört man nicht gern). Manch einer fühlt sich abgeschoben, könnte und möchte noch arbeiten, darf es aber nicht mehr. Wie viel an Erfahrung liegt da brach! War Arbeit der Wertmaßstab, so fühlt sich mancher ein Stück wertlos; denn wer nicht arbeitet, der ist nichts wert. Solche Erfahrungen können sehr bedrückend sein. Hinzukommende Krankheiten tun ein Übriges. Das Leben weist auf das Ende hin.

Andere wiederum empfinden diesen Lebensabschnitt als befreite Zeit. Sie genießen es, Zeit für Reisen zu haben, den Hobbys nachzugehen, für die Enkel dazusein. Soziale Kontakte werden gepflegt, das Interesse an der Vergangenheit wird größer.

Gerade hier kommt die Feier der Goldenen Konfirmation den Menschen entgegen. Sie bietet die Chance, in Kontakt zu treten mit denen, die man aus den Augen verlor, mit denen man aber ein Stück Lebensgeschichte teilt. Sie ruft Erinnerungen wach. Das Leben kann rückblickend überdacht werden. Auch bei der Goldenen Konfirmation wird das eigene Dasein im Angesicht Gottes wahrgenommen. Daraus entspringt der Dank für das bisherige Leben. Die Leiden, die einen quälen, werden vor Gott gebracht. Man darf klagen und muß kein Blatt vor den Mund nehmen. Zu Weggenossen werden die, die noch leben.

Goldene Konfirmation bedeutet auch hier Bestätigung des Bundes Gottes mit den Menschen. Sein „Ja" kann als Befreiung empfunden werden von den vermeintlichen Normen, die überall propagiert werden: Jung und gesund mußt du sein, darfst nicht klagen, und wenn es wirklich einmal irgendwo wehtut, kannst du dir Vitalität in Form von Pillen und Säften kaufen.

Die Feier der Goldenen Konfirmation ist die Chance, sich der Zuneigung Gottes zu vergewissern im Kreis derer, die fünfzig Jahre zuvor mit aufbrachen in das Abenteuer Leben. Miteinander treten wir in das Kraftfeld Gottes (dynamis theou, Röm 1,17), um aufgehoben zu sein an diesem Tag und für die Tage, die noch kommen.

Diamantene Konfirmation

Menschen, die Diamantene Konfirmation feiern, sind etwa 75 Jahre alt. Als Kinder erlebten sie die zwanziger Jahre, die „Goldenen Zwanziger" genannt. Aber vielleicht überdeckt der goldene Glanz nur die ganzen dunklen Seiten, die durch Arbeitslosigkeit und politische Auseinandersetzungen sichtbar werden.

Als Jugendliche und Heranwachsende waren sie, wie auch immer, eingebunden in die Zeit des 3. Reiches. In diese Umbruchzeit fallen ihre Konfirmation und die nachfolgende Suche nach einem Arbeitslatz. Noch sehr jung werden sie mit dem Krieg konfrontiert. Ganze Jahrgänge der Jungen fallen auf Europas „Schlachtfeldern" (an welchen Ausdruck haben wir uns da gewöhnt!). Die zurückkommen aus der Kriegsgefangenschaft, gezeichnet an Leib und Seele, auch all die, die man „Kriegsversehrte" nennt, und die, welche am Körper heil blieben, werden dann von einer geraubten Jugend sprechen. Viele haben ihre Heimat verloren, andere wurden ausgebombt und erlebten die Kriegsschrecken zu Hause.

Wir treffen auf Menschen, denen die Jugendzeit zu einer Zeit voller Ängste und Gefahren wurde trotz all der Träume, die in ihnen reiften. Schrecken, Entbehrungen und Tod waren an der Tagesordnung, aber auch ein Lebenswille, der aushalten ließ und in der Not zusammenschweißte.

Junge Männer mußten ihre gerade gegründeten Familien verlassen. Sie sahen ihre Freunde sterben. Die Frauen mußten zusehen, wie sie mit ihren Kindern durchkamen und Haus und Hof bewirtschafteten. Auch in den Fabriken übernahmen sie die

Arbeit der Männer. Manch eine Trauung wurde als „Kriegstrauung" geschlossen: der Mann vor dem Kommandanten „im Felde", wie man sagte, die Frau zu Hause vor dem Standesbeamten. Und so manche Kriegsehe war auf ein paar Tage Urlaub beschränkt. Viele Kriegerwitwen, auf dem Blatt ein paar Jahre verheiratet, hatten von ihrer Ehe gerade mal ein paar Urlaubsnächte.

Dann kam der Wiederaufbau, die Gründung einer neuen Existenz begann, oftmals in der Fremde. Die „Flüchtlinge" wissen davon ein Lied zu singen. Sie haben aktiv am Fortschritt in Technik und Landwirtschaft mitgearbeitet und in wenigen Jahren einen rasanten Wandel in der Technologie erlebt. Nun sind sie schon lange aus dem Arbeitsleben herausgenommen. Die Kinder sind längst groß, die Enkel auch. Der eine oder andere hat schon Urenkel.

Die Diamantenen Konfirmanden haben sehr oft in ihrem Leben erfahren, daß andere, die mit ihnen gingen, schon gestorben sind. Vielleicht sind sie nun verwitwet und allein. Manch einer hat schon den zweiten Lebenspartner begraben. Abschied und Sterben sind ihre stillen Themen. Einer von ihnen hat es so ausgedrückt: „Ich komme mir vor wie ein alter Baum im Walde. Mich hat es noch nicht getroffen. Aber mein Alter spüre ich mit jedem Tag mehr."

Hier bietet es sich an, mit der Feier der Diamantenen Konfirmation die Menschen auf dem letzten Lebensabschnitt zu begleiten. Der Dank für so langes, geborgtes Leben verbindet sich mit den Ängsten vor einem langen Leiden. Beides stellen wir unter den Segen Gottes.

Die Diamantene Konfirmation gewinnt ihre Bedeutung auch durch die Vorstellung, daß man ein letztes Mal in dieser Runde zusammen ist, miteinander den Gottesdienst feiert und zum Abendmahl geht. So gesehen ist die Diamantene Konfirmation auch eine Abschiedsfeier. In ihr wird in besonderer Weise das Eintreten Gottes zu seinem Wort zugesagt, daß er auf allen Wegen mit uns gehen will. Deshalb gleichen Zeichen wie Abendmahl und Segen den Brücken, die geschlagen werden über die Jahrzehnte. Sie beleuchten die gegangenen Wege im Lichte Gottes und manchmal decken sie die Treue Gottes wie einen roten Faden auf.

Wo stehe ich als Pfarrer?

Chancen und Auswirkungen
für die Gemeindearbeit

Das Konfirmationsjubiläum ist nicht nur ein herausgehobener Punkt im Erleben der Konfirmation. Auch der Pfarrer wird die von ihm verantworteten Teile des Festes, im besonderen Vorbereitung und Durchführung des Gottesdienstes, nicht als alltägliches Tun seiner Arbeit erleben. Die besondere Aufgabe des Pfarrers, seine Einstellung auf den Kasus, d.h. die Wahrnehmung der jeweiligen Lebenssituation der Feiernden auf dem Hintergrund seiner eigenen Lebensgeschichte, haben Einfluß auf sein Denken, Reden und Handeln am Jubiläumstag.

Zunehmend ist in Publikationen und im kollegialen Austausch in diesem Zusammenhang von der „Rolle" des Pfarrers die Rede. Stimmt die Etymologie, offenbart sich darin ein grundlegendes Problem. Rollen werden nämlich gespielt, und wer eine Rolle spielt, steht in der Gefahr, ein anderer zu sein und damit seine Identität aufzugeben. Das geschieht besonders häufig dort, wo der Alltag durch das Besondere aufgebrochen wird.

Optisch wird das Besondere eines Konfirmationsjubiläums zunächst an den entgegen anderen Gottesdiensten überdurchschnittlich gut gefüllten Kirchenbänken deutlich. Diese sich selten bietende Gelegenheit könnte nun dazu verleiten: „Wie verkaufe ich mich und das, was ich zu diesem Anlaß zu sagen habe, am besten?"

Wer so denkt, liegt im Trend. Sprache und Methode von Management und Werbung haben auch in der Kirche Einzug gehalten. Gewarnt werden muß jedoch vor zweierlei: 1. Sich „gut zu verkaufen" ist Prostitution. 2. Die beste Verkaufsstrategie täuscht letztlich nicht über den Zustand der Ware, des Kaufhauses und des Verkäufers hinweg. Ergo: Halten wir fest an dem Anspruch, gut zu sein – und das ganz besonders in der besonderen Situation. Doch nicht um den Preis, uns und das, was wir zu sagen haben, möglichst perfekt an den Mann bzw. die Frau zu bringen. Auch nicht um den Preis, mit dem Talar in eine Rolle zu schlüpfen und den Zeremonienmeister zu spielen. Sondern seien wir Pfarrer auf der Grundlage unserer Ordination sowie der Wahrhaftigkeit und Glaubwürdigkeit unserer Person. Doch wie zu solcher Identität und Authentizität gelangen?

Ein erster Schritt auf dem Weg dorthin scheint mir die Beantwortung folgender Fragen: Was geschieht? Wer handelt? So selbstverständlich diese Fragen klingen mögen, so sehr dienen sie der Einstimmung und Vergewisserung unserer eigentlichen Aufgabe angesichts des Konfirmationsjubiläums. Zweierlei soll nämlich dort zusammengebracht werden: 1. die Lebensgeschichte der Jubilare; 2. die rückblickende und vorausschauende Vergewisserung der Zusage Gottes: „Ich bin bei euch alle Tage bis an der Welt Ende"(Matthäus 28,20b).

Daß beides „vermittelt" wird, d.h. daß beide Vorgänge einander so angenähert werden, daß sie möglichst eine gemeinsame Mitte ihr eigen nennen, ist die Aufgabe des Pfarrers. Ein Zeremonienmeister ist für die Vermittlung deshalb ungeeignet, weil seine Aufgabe ausschließlich darin besteht, den korrekten Ablauf sowie die Förmlichkeit des Geschehens zu gewährleisten. Die o.g. Vermittlung zielt hingegen nicht nur auf äußere Zeichen oder Handlungen, sondern auf die Verinnerlichung der eigenen Lebensgeschichte unter Gottes Lebensgeleit. Diese Verinnerlichung entzieht sich jeglicher Inszenierung, d.h. hier geht es nicht um die Darstellung eines Vorgangs, sondern um den Vorgang selbst. Folglich hat der Pfarrer im wörtlichen Sinne zu verkörpern, wovon er spricht, und das heißt: Er „verkörpert" keine Rolle, sondern einen Zustand bzw. ein Geschehen. Er präsentiert und repräsentiert die Verbindung des Heiligen mit dem Profanen, des Besonderen mit dem Alltäglichen. Er wird dabei kein anderer sein können, als der, der er ist, denn es geht um Authentizität. Und es geht um Identität, die wiederum die Identifikation der Zuschauenden ermöglicht. Findet diese Identifizierung als Verinnerlichung statt, wird der Zuschauer zum Beteiligten, oder besser zum Teilnehmer, an dem und mit dem etwas geschieht.

Um diesen Vorgang katalysatorisch in Gang zu bringen, wird der Pfarrer in der Vorbereitung des Konfirmationsjubiläums zunächst sein Augenmerk darauf richten müssen, wie er selbst immer wieder den Segen Gottes und dessen Auswirkungen auf seine eigene Lebensgeschichte erfahren hat und erfährt. Er wird sich dabei der Spannung bewußt werden, daß die Zusage Gottes sich der menschlichen Verfügbarkeit entzieht.

Andererseits wünschen sich Menschen gerade an den Wendepunkten ihres Lebens sichtbare Zeichen der Nähe Gottes. Formuliert wird dieser Wunsch in der Regel in dem Satz, der Gottesdienst, ja, der gesamte Tag möge feierlich gestaltet werden und verlaufen. Will man nun als Pfarrer nicht gänzlich über die Bedeutung dieses Wunsches im Nebel herumstochern, wird man sinnvollerweise möglichst vielen Beteiligten die Frage stellen, wie denn „das Feierliche" in Gottesdienst und Gestaltung des Festtages konkret und erfahrbar werden soll. Dazu eignet sich ein vorbereitendes Treffen zumindest der vor Ort ansässigen Jubiläumskonfirmanden. Der Pfarrer hat hierbei die Aufgabe, behutsam und wegweisend zugleich die Brücke zwischen „grüner" und Jubiläumskonfirmation zu schlagen und mit seinen Fragen und Hinweisen die Punkte im Gottesdienst und Verlauf des Tages anzusprechen, wo er das Festmachen der „Feierlichkeit" vermutet. Es ist seine Kompetenz, den Segensempfang damals und heute zu deuten und angemessene Formeln mit den Konfirmanden zu entwickeln.

Ähnliches gilt für einen weiteren neuralgischen Punkt. In der Regel werden nicht mehr alle Konfirmanden von einst leben. Auch hier ist der Pfarrer besonders gefordert. Er hat in der Vorbereitung diesen Punkt zur Sprache zu bringen und mit den Konfirmanden nach einem Weg zu suchen, wie die Erinnerung an die Verstorbenen am Jubiläumstag lebendig werden kann, ohne den Blick auf die eigenen Lebensgeschichte und -perspektive zu verstellen. Zum Beispiel ist in diesem Zusammenhang die Frage zu klären, ob und wie die Ehegatten der Verstorbenen an der Feier teilnehmen.

Doch auch der Pfarrer selbst wird sich die Frage stellen müssen: „Wie bringe *ich* das zu Feiernde angemessen zum Ausdruck?" Ganz und gar nicht äußerlich oder unwichtig ist es dabei, wie sich der Pfarrer im Gottesdienst bewegt. Um mit sich und seiner Aufgabe identisch zu werden, muß der Pfarrer sich

Gedanken darüber machen, welcher Art die Schritte dessen sein müssen, der einen anderen durchs Leben geleiten möchte. Vergleichbares gilt für Gestik und Mimik. Wenn es stimmt, daß Identität die Wesensgleichheit von Person und Sache bedeutet, wird ihr Vorhandensein an den „Äußerlichkeiten" zuallererst erkennbar sein. Über die Bewußtwerdung von Absicht und Wirkung dieser Äußerlichkeit führt ein Weg zur Verinnerlichung des Geschehens im Jubiläumsgottesdienst.

Dieser Weg wiederum kann zum Geleit werden für die, die noch unsicheren Fußes einer Wendemarke ihres Lebens entgegengehen. Das Geleit wird ihnen behilflich sein, sich auf die zwar nicht verfügbare, aber gegebene Zusage Gottes einzulassen und ihr in der eigenen Lebensgeschichte Platz zur Entfaltung einzuräumen.

Die wesentliche Aufgabe des Pfarrers im Zusammenhang der jeweiligen Konfirmationsjubiläen ist damit als vermittelnder Wegbegleiter aus meiner Sicht zutreffend beschrieben. In diesem Weggeleit erweist sich sein priesterliches Wirken, das nicht nur für den Gottesdienst, sondern auch für den Verlauf des ganzen Tages konstitutiv ist. Dabei muß er jedoch Verhaltensformen entwickeln, die ihn vor der Hybris bewahren, nur er allein könne dieser Aufgabe gerecht werden. Worauf es also bei der genannten Identitätsfindung des Pfarrers ankommt, ist nicht eine Identifizierung von Person und Amt, von der es nur ein kleiner, aber folgenschwerer Schritt zum Bewußtsein einer besonderen Erwähltheit ist, sondern vielmehr die Identifizierung von Person und Aufgabe, die ihm das Amt erst zuweist. Die Vermittlung von Lebensgeschichte und Segenszusage wird nicht durch das Priesteramt konstituiert, sondern durch die Begegnung von Person zu Person. Zum Priester wird der Pfarrer, indem er glaubwürdig seine Aufgabe wahrnimmt. Dabei wird er Authentizität und Identität als Gnadengabe Gottes verstehen.

Gelingt die glaubwürdige Vermittlung von Lebensgeschichte und Segenszusage, wird sie Weggeleit und Wegweisung für die Jubiläumskonfirmanden und die ganze anwesende Gemeinde sein. Was im Grunde für jeden Gottesdienst gilt, gilt auch im Besonderen. Authentizität und Identität der Akteure schafft

Nachfolge. Hierin liegen die unbestreitbare positiven Auswirkungen solcher Gedenktage für die ganze Gemeinde. An dieser Stelle kann der Pfarrer die Chance suchen und finden, die sich ihm an solchen Jubiläumstagen in gut gefüllten Kirchenbänken bietet.

Er wird hoffentlich mit seinem Bemühen um Authentizität und Identität gerade in diesen Gottesdiensten nicht allein sein, d. h. er wird andere Gemeindeglieder an der Durchführung des Gottesdienstes beteiligen; und zwar nicht als ornamentales Beiwerk, sondern begründet im Wissen um die eigene Unvollkommenheit einerseits und im Bewußtsein der von Gott wuchernd verteilten Talente andererseits. Nimmt der Pfarrer diese Gaben ernst, hat das Konfirmationsjubiläum Auswirkungen auf die Gemeindearbeit.

Ein Vorbereitungskreis könnte z.B. nicht nur, wie allgemein üblich, organisatorische Fragen klären, sondern sich auch inhaltlich einbringen. Zum Beispiel wird ein älteres Gemeindeglied in der Regel glaubwürdiger als der Pfarrer in durchlebten Geschehnissen von der Zeit vor 50 oder 60 Jahren berichten können. Solche „Vermittlungen" durch Dritte können auch im Gottesdienst geschehen. Der Pfarrer wird sich dabei selbst zurücknehmen und in diesen regressiven Phasen die Möglichkeit zur Vergewisserung seiner Aufgaben finden. Diese Vergewisserung ist nötig, damit der Pfarrer auch im Vollzug des Jubiläums immer wieder die genannten Fragen „Wer handelt und was geschieht?" bedenken kann. Er wird damit seiner Aufgabe einer wahrhaftigen und wesensgleichen Vermittlung der Segenszusage Gottes für den Lebensweg der Jubiläumskonfirmanden am ehesten gerecht.

II. Texte zur liturgischen Gestaltung

Gottesdienst zur Goldenen Konfirmation

Johannes 15,1–11

Orgelvorspiel (mit Einzug der Konfirmanden)

Begrüssung durch die Pfarrerin:

Die Glocken haben geläutet, Sie sind gekommen, Sie sind eingeladen, diesen Festgottesdienst mitzufeiern. Es wird gut sein, daß festliche Musik uns begleitet an diesem Morgen. Dafür sei allen, die sich Mühe gemacht haben, herzlich gedankt. Es wird gut sein, daß nach diesem Gottesdienst für eine festliche Bewirtung gesorgt ist. Dafür sei den Frauen aus den Kirchenvorständen herzlich gedankt. Festlich aber wird dieser Tag erst durch Sie, die Sie gekommen sind.

„Wer wird da sein?" ist die Frage bei diesem Fest, und die Begegnung erst macht alle Mühen und Anstrengungen, alle Vorbereitungen und Gedanken zu einem wahrhaft festlichen Tag.

So feiern wir das Fest der Goldenen Konfirmation mit diesem Gottesdienst, und wir feiern es im Namen des Vaters, des Sohnes und des Heiligen Geistes. Amen.

Lied 449,1–4

Psalm

Das ist meine Freude,
daß ich mich zu Gott halte
und meine Zuversicht setze auf ihn,

daß ich verkündige all sein Tun. –
Als es mir wehe tat im Herzen
und mich stach in meinen Nieren,
da war ich wie ein Narr
und wußte nicht weiter,
ich war ein krankes Tier.
Dennoch bleibe ich stets an Dir,
denn Du hältst mich
bei meiner rechten Hand,
Du leitest mich nach Deinem Rat
und nimmst mich am Ende
in Ehren an.
Wenn ich nur Dich habe,
so frage ich nichts
nach Himmel und Erde.
Wenn mir gleich
Leib und Seele verschmachten,
so bist Du doch, Gott, allezeit
meines Herzens Trost
und mein Teil.

(nach Psalm 73; aus: Die weiteren Amtshandlungen. Materialheft 53 der Beratungsstelle für Gestaltung, Frankfurt, S. 86.)

GEMEINDE: „Ehr' sei dem Vater…"

BITTRUF:

Dieser Tag ist ein Tag der Dankbarkeit.
Aber wir bringen auch unsere Unzulänglichkeiten mit:
die Kraftlosigkeit, den ausgedörrten Glauben,
die Mißerfolge und Fehlschläge, unsere armselige Hoffnung.
Darum rufen wir: „Herre Gott, erbarme Dich…"

oder

BITTRUF:

An diesem Tag heute sind wir dankbar, und gleichzeitig sehen wir unsere Unzulänglichkeiten wie verdorrtes, abgefallenes Leben:

wir spüren, wie unsere Kraft am Ende ist, wir nicht mehr so können, wie wir wollen,

wir können uns auf unseren einst so festen Glauben nicht mehr verlassen, das Leben lehrte uns Mißtrauen, wir sind bedrückt durch immer weniger Erfolge und immer mehr Fehler, die uns unterlaufen,

ja wir schämen uns, daß wir nicht mehr Hoffnung aufbringen können, darum rufen wir: „Herre Gott …"

LOBPREIS:

An diesem Tag sind wir dankbar, denn wir wissen:
Gottes Kraft hat uns durch die Zeiten genährt,
seine Wurzeln haben uns gehalten,
sein Zuspruch war immer wieder Nahrung auf unserem Weg, darum laßt uns singen: „Ehre sei Gott…"

WECHSELGRUSS

GEBET:

An diesem Tag sind wir dankbar, Herr unser Gott.
Und wir bitten Dich:
Bleibe uns freundlich zugewandt,
laß uns bewahren, was gut war, und neu ergreifen, was weiterbringt.
Laß unser Leben in Dir verwurzelt bleiben, damit wir guten Grund haben zum Loben und zum Danken.

LESUNG: Philipper 4,4–7

GLAUBENSBEKENNTNIS

CHOR

PREDIGT: Johannes 15,1–11

LIED 406,1–4

NAMENSNENNUNG der Konfirmanden, der verstorbenen Konfirmanden

SEGENSZUSPRUCH:

Der Segen Gottes,
der euch bis heute begleitet hat,
durch schöne und schwere Zeiten,
der bleibe bei euch
und stärke euch für den Weg,
der noch vor euch liegt,
bis ihr ans Ziel kommt.

(Aus: Gestaltungshilfen zum Konfirmationsjubiläum. Liturg. Kammer der EKKW, S. 51)

Die Konfirmanden erhalten eine Erinnerungsurkunde

MUSIK

ABENDMAHL

CHOR

GEBET:

Wir sagen Dir Dank, Gott, unser Ernährer,
für deine Speise, Brot und Wein,
Nahrung auf dem Weg für alle, die dir vertrauen.
Unser Leben lang hast du uns beschenkt
mit so vielem, das wir zum Leben brauchen.
Gib uns weiter für Seele und Leib,
was dir gefällt und was uns guttut.
Nähre uns mit der Kraft der Hoffnung jeden Tag neu,
daß wir die Menschen sehen, denen wir Nahrung sein
können zum Leben und zur Freude.
Wir sagen Dir Dank, Gott, unser Begleiter, für dieses Fest
heute, für die Menschen, mit denen wir es feiern können.
Verwandte und Freunde, Schulkameraden von damals.
Begleite sie und uns weiter

auch auf ganz verschiedenen Wegen,
die wir wieder gehen.
Laß uns die schönen Seiten des Alters genießen.
Wir sagen Dir Dank, Gott, unser Erhalter:
deine Liebe ist es,
die uns getragen hat bis heute,
deine Güte und Geduld.
Dich bitten wir:
Wenn wir weitergehen und an die Grenzen des Lebens
kommen, in Krankheit und Tod,
dann erhalte uns
gegen alle Schwermut und Angst.
Und laß es wieder deine Liebe sein,
die uns hält und trägt für immer
durch Jesus Christus, unseren Herrn und Bruder. Amen.

(Aus: Gestaltungshilfen…, S. 59)

LIED 321,1–3

SEGEN

ORGELSPIEL

Liturgische Texte

Lobe den Herrn, meine Seele,
und was in mir ist, seinen heiligen Namen!

Lobe den Herrn, meine Seele,
und vergiß nicht, was er dir Gutes getan hat:

Der dir alle deine Sünde vergibt
und heilet alle deine Gebrechen,

Der dein Leben vom Verderben erlöst,
der dich krönet mit Gnade und Barmherzigkeit,

Der deinen Mund fröhlich macht,
und du wieder jung wirst wie ein Adler.

Ein Mensch ist in seinem Leben wie Gras,
er blüht wie eine Blume auf dem Felde;

Wenn der Wind darüber geht, so ist sie nimmer da,
und ihre Stätte kennet sie nicht mehr.

Die Gnade aber des Herrn währt von Ewigkeit zu Ewigkeit
über denen, die ihn fürchten,

Und seine Gerechtigkeit auf Kindeskind
bei denen, die seinen Bund halten

Und gedenken an seine Gebote,
daß sie danach tun.

Lobet den Herrn, alle seine Werke,
an allen Orten seiner Herrschaft!

Lobe den Herrn, meine Seele!

(Psalm 103)

Kommt, laßt uns anbeten: ...

Klagewort

Bis hierher hat mich Gott gebracht –
das singen wir dankbar und freuen uns,
diesen Tag zu erleben. –
Aber da sind die vielen Tage, an denen wir Gottes Güte vergessen und glauben,
aus eigener Kraft Leben zu haben und leben zu können.
Darum lasset uns rufen:

Herre Gott, erbarme dich, …

Zuspruch

Was uns am Leben erhält,
was unser Leben ertragbar macht – ist Gottes Güte.
Diese Güte begegnet uns in vielen Gestalten,
wir begreifen's gar nicht immer.
Aber es ist so:
was uns am Leben erhält, ist Gottes Güte.
Darum lasset uns singen:

Ehre sei Gott …

Kollektengebet

Wir überschauen,
was aus uns geworden ist
bis auf diesen Tag:
Du hast uns bewahrt, Gott,
auf Irrwegen, im Unglück.
Durch Erfahrungen sind wir gewachsen,
in Schmerz und Heilung. –
Glückliche Tage hast du uns gegeben,
Sonnenschein, in dem wir reifen konnten.
Und an den anderen, den schweren Tagen,
bis du bei uns gewesen.

Dafür danken wir dir durch unseren Herrn Jesus Christus, deinen Sohn, der mit dir und dem Heiligen Geist lebt und regiert von Ewigkeit zu Ewigkeit.

Anrede und Gebet

Vor 25 Jahren sind Sie hier in der Kirche konfirmiert worden. Wir feiern diesen Gottesdienst, um Gott zu danken, daß er Sie seit diesem Tag begleitet hat.

Wir wollen beten:

Herr, guter Gott,
wir denken zurück an alles,
was uns in unserem Leben bisher begegnet ist
und was unser Leben geprägt hat.
Wir sind bewahrt worden,
vor Unglück verschont;
wir waren glücklich,
und es hat schwere Stunden gegeben,
Höhen und Tiefen.
Du, guter Gott,
hast uns nicht allein gelassen auf den Wegen,
die wir gegangen sind.
Durch Jesus, den Christus,
hast du dich an unsere Seite gestellt –
Kreuze mit uns getragen
und Leben möglich gemacht.
Dafür sind wir dankbar
und wollen unser Konfirmationsversprechen erneuern.
Amen.

Segenswort an die Silbernen Konfirmanden

Liebe Silberne Konfirmanden!

Jesus Christus spricht:
„Siehe ich bin bei euch alle Tage bis an der Welt Ende."

Das bedeutet:
Er will Sie begleiten auf dem Weg, den Sie von heute an weitergehen werden – so wie er Sie begleitet hat seit dem Tag Ihrer Konfirmation.

Durch ihn, den Christus, gebe Ihnen Gott auch in Zukunft, was er Ihnen damals zugesagt hat:

Seine Gnade,
Schutz und Schirm vor allem Argen,
Stärke und Hilfe zu allem Guten,
daß Sie bewahrt werden zum ewigen Leben.
Amen.

Anrede und Gebet

Vor 50 Jahren sind Sie konfirmiert worden. Sicher ist Ihnen noch das Segenswort im Ohr, das Ihnen damals mitgegeben wurde:

„Nimm hin den Heiligen Geist, Schutz und Schirm vor allem Argen, Stärke und Hilfe zu allem Guten,
von der gnädigen Hand Gottes des Vaters und des Sohnes und des Heiligen Geistes."

Sie haben die Gnade und Barmherzigkeit Gottes erfahren, Sie sind in den 50 Jahren bewahrt worden – das ist Grund zur Dankbarkeit. Darum feiern wir diesen Gottesdienst. Wir beten:

50 Jahre sind vergangen,
Wir überschauen, was aus uns geworden ist bis auf diesen Tag.
Wir sind bewahrt worden, vor Unglück verschont;
wir waren glücklich, und es hat schwere Stunden gegeben.
Herr, laß uns nicht vergessen, was hinter uns liegt.
Herr, laß uns nicht im Vergangenen hängenbleiben.
Dann werden wir, was heute auf uns zukommt,
dankbar annehmen und uns vor morgen
nicht fürchten müssen.

Herr, wir denken in dieser Stunde auch an all jene, die hier vor 50 Jahren mitkonfirmiert wurden, aber heute nicht mehr unter uns sein können. Wir denken an die, die du aus diesen

Jahrgängen abberufen hast, und nennen in dankbarem Gedenken ihre Namen:

Segensworte für die Goldenen Konfirmanden!

Liebe Goldene Konfirmanden!

Jesus Christus spricht:
Ich bin der Weinstock, ihr seid die Reben.
Wer in mir bleibt und ich in ihm, der bringt viel Frucht; denn ohne mich könnt ihr nichts tun.

Das bedeutet:
Er will Sie begleiten auf dem Weg, den Sie von heute an weitergehen werden, so wie er Sie begleitet hat seit dem Tag Ihrer Konfirmation.

Durch ihn, den Christus, gebe Ihnen Gott auch in Zukunft, was er damals gesagt hat:
Seine Gnade, Schutz und Schirm vor allem Argen,
Stärke und Hilfe zu allem Guten, daß Sie bewahrt werden zum ewigen Leben. Amen.

Eingangsgebet zur Goldenen Konfirmation

Gott, himmlischer Vater,
wir kommen zu dir mit unserem Dank –
für gute Tage, die wir hatten,
für Bewahrung auf langen Wegen, die wir gegangen sind,
aber auch für schmerzliche Erfahrungen,
an denen wir gereift und gewachsen sind.
All das macht unser Leben aus.
So laß uns nun bewahren, was gut war,
und neu ergreifen, was uns trägt,
und bleibe uns freundlich zugewandt,
damit wir in die verwurzelt bleiben -
durch Jesus Christus, unseren Herrn und Bruder
jetzt und alle Tage bis in Ewigkeit.

(in Anlehnung an Vorschläge aus der kurhessischen Agende)

Abendmahl

Von Anfang an war in den Kirchen der Reformation mit der Konfirmation auch der erste Gang zum Abendmahl verbunden (siehe die Kirchenordnung von Kassel 1535). Ein Teil der Konfirmandenzeit wurde zur Vorbereitung auf das Abendmahl verwandt. Dies geschah unter Bezug auf den Katechismus. Für einen Teil der Konfirmanden ist der erste Gang zum Abendmahl auch der letzte gewesen, wie es Gerhart Hauptmann zielsicher formulierte. Vor etwa 25 Jahren trat eine Wandlung ein. In einigen Landeskirchen wurde das Abendmahl mit Kindern (nicht: *Kinderabendmahl*) zur Erprobung freigegeben, nachdem es schon vorher möglich war, auf Konfirmandenfreizeiten das Abendmahl vorzubereiten und so vor der Konfirmation zu feiern.

Wir wollen an dieser Stelle nicht in die Diskussion über das Abendmahl mit Kindern einsteigen. Wichtig aber ist in unserem Zusammenhang, daß Silberne Konfirmanden nun mit ihren Kindern schon vor deren Konfirmation die Möglichkeit haben, gemeinsam das Abendmahl zu feiern. Dies bedeutet einmal, das vor Jahren in der eigenen Konfirmandenzeit Erfahrene zu befragen und Gewohnheiten zu verändern. Auf der anderen Seite besteht die Möglichkeit, sich im Kreise der Familie vor dem Abendmahlsgang diesem Sakrament im Gespräch anzunähern. Zwar werden durch das Abendmahl mit Kindern Konfirmation und erster Abendmahlsgang getrennt. Darin liegt aber zur gleichen Zeit auch die Chance, Konfirmation (Einsegnung und Gelöbnis) und Abendmahl auf einer anderen Ebene betrachten zu können. Es sind hauptsächlich Silberne Konfirmanden, die als Eltern dieses neue kirchliche Handeln erleben, mit der eigenen Konfirmandenzeit vergleichen und mit ihren Kindern neue Wege gehen.

Noch einmal anders stellt sich das Problem bei Goldenen und Diamantenen Konfirmanden. Sie erleben nicht nur als Großeltern (oder mitfeiernde Gemeinde), wie nun Kinder zum Abendmahl gehen. Sind sie doch in vielen Landeskirchen mit der Sitte groß geworden, daß man nur zu ganz bestimmten

Abendmahlsfeiern ging. Darauf haben sich die Kurhessen folgenden Reim gemacht:

> Ostern und Michel
> geh'n de ahlen Brichel.
> Weihnachten und Pfingsten
> geh'n de Allerjüngsten.

Auch erleben die Älteren noch die mancherorts erst nach dem 2. Weltkrieg endende Sitte, daß die Abendmahlswilligen sich am Sonnabend vor dem Abendmahl im Pfarrhaus anmeldeten. Das war die Zulassungsbedingung zum Abendmahl.

Ein in kommender Zeit immer größer werdendes Problem ist der Umgang mit denen, die aus der Kirche ausgetreten sind. Das trifft in der Hauptsache auf die Silbernen Konfirmanden zu. Ist in der Einladung mitgeteilt, daß eine Abendmahlsfeier stattfinden soll, so weiß jeder, wozu er eingeladen ist. Die Einladung zur Silbernen Konfirmation ergeht ja auch an die Ausgetretenen. Und so mancher folgt der Einladung; auch der, das Abendmahl zu feiern. Wie entscheiden wir dann? Sehen wir großzügig darüber hinweg, daß sich Menschen zum Abendmahl versammeln, die der Kirche den Rücken kehrten? Schließen wir sie vom Abendmahl aus, obwohl sie doch Getaufte sind? Wir können hier nur auf das Problem aufmerksam machen. Es wird größer werden. Für uns wird es bedeuten, unser Abendmahlsverständnis und unser Kirchenverständnis grundsätzlich zu bedenken.

Wenn wir einmal davon absehen, daß manche Gemeinde zu Konfirmationsjubiläen kein Abendmahl feiert, so bieten sich an einem solchen Tag zwei Möglichkeiten, das Abendmahl in den Ablauf des Tages zu integrieren. Einmal können wir das Abendmahl im Gottesdienst miteinander feiern. Zum anderen haben wir auch die Möglichkeit, den Tag mit einer Abendmahlsfeier zu beschließen. In diesem Falle hat ein Konfirmationsjubiläum eine hilfreiche Rahmung: Am Ende steht die gemeinsame Feier des Abendmahls. Zwar sind dann an einem Tag zwei gottesdienstliche Feiern, ungewohnt vor allem für Silberne Konfirmanden. Aber ein Konfirmationsjubiläum ist mehr als ein Klassentreffen. Es bietet die Chance, an einem Höhepunkt des Lebens sich der vergebenden Zärtlichkeit Gottes zu vergewissern und dies mitzunehmen in die Niederungen des Alltags.

III. Einsegnung
der Konfirmationsjubilare

Erwartungen und Erfahrungen

Mit der „Einsegnung" der Konfirmationsjubilare begegnet uns das zentrale Element jedes Jubiläumsgottesdienstes zum Gedächtnis der Konfirmation. Weil viele sie wie eine erneute Konfirmation erfahren, nämlich als eigene (innerliche) Festigung in einer neuen Lebenssituation, wird auch die „Einsegnung" vor dem Altar nicht als reine Einsegnungserinnerung und damit verbundene Segenserneuerung verstanden, sondern als selbständige und erneute Einsegnung. Diese Beobachtung trifft auf alle Formen des Konfirmationsjubiläums gleichermaßen zu, wobei die Intensität des Erlebens mit wachsendem Alter vielleicht noch stärker wird.

Interessanterweise spielt das Element der „Einsegnung" im Gottesdienst im Vorfeld der Erwartungen eher eine untergeordnete bzw. verborgene Rolle. In Gesprächen innerhalb einer Vorbereitungsgruppe hat es keiner der Jubilare von sich aus angesprochen. Manche hatten nicht einmal eine Vorstellung, wie dieses besondere Ritual im einzelnen vor sich gehen könnte, haben sich also im Gottesdienst schlichtweg darauf eingelassen. Hier war es dann vielleicht sogar eine Hilfe, im Verbund der Gruppe vor dem Altar zu stehen, ohne daß damit die Möglichkeit der „Einsegnung" einzeln oder zu zweit in Abrede gestellt werden soll.

Gleichwohl läuft die gottesdienstliche Feier für alle auf die „Einsegnung" als Höhepunkt hinaus, wie sie im Gespräch über ihre Erfahrungen bestätigt haben. Daraus ist zu schließen, daß neben dem als Hauptmotiv für die Teilnahme am Konfirmationsjubiläum genannten Anliegen, die Mitkonfirmanden aus der alten

Gruppe wiederzusehen, auch ein Bedürfnis nach erneuter (persönlicher) Segenszuwendung vorhanden ist, dessen Erfüllung auch unausgesprochen erwartet wird. (Die Ehefrau eines Goldenen Konfirmanden, die das Element der „Einsegnung" von den Jubiläumsgottesdiensten unseres Kirchspiels kennt, es aber bei der Goldenen Konfirmation in ihrem Herkunftsort vermißt hat, empfand diesen Gottesdienst als nicht so feierlich und unpersönlich.)

Selbst wenn die „Einsegnung" nicht wie bei der Konfirmation einzeln oder zu zweit vor dem Altar kniend erfolgte, sondern in der ganzen Gruppe im Halbkreis um den Altar stehend, wird hier auf besondere Weise das persönliche Angesprochensein erfahren. Dazu trägt selbstverständlich die Nennung des Namens, evtl. verbunden mit dem Heraustreten aus der Gruppe zum Empfang einer Urkunde o. ä. und eines Segensgrußes, erheblich mit bei. Eine Jubilarin sagte mir, daß sie diesen besonderen Moment als ein persönliches Vor-Gott-Treten erlebte, bei dem sie so aufgeregt war wie bei ihrer Konfirmation vor 25 Jahren. Persönlichkeit und Feierlichkeit als Ausdruck dieses besonderen Momentes im Gottesdienst lassen hier das Bewußtsein der Zugehörigkeit zu Gott auf ganz eigene Weise lebendig werden. Nicht wenige haben dann sogar Tränen in den Augen, selbst wenn sie sonst eher zu den gottesdienstlichen Abstinenzlern zählen.

Für einige der Silbernen Konfirmanden spielt hier sicher auch hinein, daß sie erst kurze Zeit zuvor die Konfirmation ihrer eigenen Kinder miterlebt haben und nun erfahren, daß ihnen gleiches (noch einmal) persönlich zuteil wird. Aber selbst Goldene Konfirmanden bestätigten, daß sie die „Einsegnung" – wie auch das Abendmahl – beim Konfirmationsjubiläum viel intensiver erfahren hätten als bei ihrer Konfirmation, weil sich ihnen die Bedeutung erst mit ihrer zunehmenden Reife so richtig erschlossen habe.

So bringt letztlich das Element der „Einsegnung" die Erwartungen der Konfirmationsjubilare in bezug auf „ihre" Feier auf den Punkt. Sie ist schon in sich ein sinnstiftendes und tragendes Symbol und damit ein unverzichtbares Pendant zur gesprochenen Predigt, weil zum Angesprochensein durch das Wort die zeichenhaft-persönliche Erfahrung tritt: Ich bin gemeint in meiner ganz persönlichen Lebenssituation, ich darf kommen, wie ich bin, und ich erfahre Deutung und Zuspruch für mein Leben.

Die „Einsegnung" ist damit der Höhepunkt einer im Verlauf des Gottesdienstes angelegten Entwicklung, die über den Einzug der ganzen Gruppe in die Gemeinde, die Eingangsliturgie und die Predigt verläuft, um schließlich in der gemeinsamen Feier des Abendmahls nach der „Einsegnung" ihr Ziel zu finden.

Bedeutung und Deutung des Segens

Der Segensworte sind viele in unseren Agenden. Innige Segensworte aus Irland, wohlklingende, gleichwohl auf merkwürdige Weise ohne Echo der Seele bleibende, in neueren Gebetsbüchern, auch praktische für (fast) jeden Gebrauch. All diese Segensworte will ich nicht behandeln. Allein dem Aaronitischen Segen (4. Mose 6,24–26) will ich mich annähern. Das sind die Worte, mit denen ich die Konfirmationsjubilare einsegne (auch die Konfirmanden).

Nach der Predigt gibt ein Orgelspiel Zeit zum Nachsinnen, das Lied nach der Predigt ist die Brücke zu der nachfolgenden Einsegnung. Ich rufe die Jubilare einzeln vor den Altar Gottes. Zur Einsegnung kniet der Jubilar. Nur in wenigen Fällen läßt der Körper ein Beugen der Knie nicht mehr zu: die Einsegnung (übrigens auch bei den Konfirmanden) erfolgt also einzeln.

In diesem Augenblick gilt die Zuwendung Gottes diesem einen Menschen. Aus der Gruppe herausgerufen, tritt er vor Gott. Alles um ihn versinkt. Nur diese persönliche Begegnung vor dem Altar zählt.

Grundsätzlich ist es die Überlegung wert, welche Bedeutung wir dem Segen noch beimessen, wenn wir auf Konfirmationen zwei oder gar drei Jugendliche – dann mit Wechsel der Hände – einsegnen. Jedenfalls darf das Argument, bei vielen Konfirmanden dauere die Segenshandlung zu lange, als Scheinargument nicht gelten. Die Einsegnung ist der buchstäbliche Höhepunkt der Konfirmation und der Konfirmationsjubiläen. Die Spannung der Länge gilt es, miteinander vor Gott auszuhalten, um den Wunsch zu verspüren, in der Nähe Gottes zu verweilen.

Es gibt nämlich Worte von einer Eindrücklichkeit und Dichte, die für die Ewigkeit geschaffen sind. Dazu zählt der Aaronitische Segen. Kunstvoll aufgebaut ist dieser Text. Er besteht aus drei Teilen. Die Zahl der Worte steigt von drei (V. 24) über fünf (V. 25) auf sieben (V. 26): Die Fülle nimmt zu. Gesprochen wird von „behüten" (V. 24), „gnädig sein" (V. 25), „Frieden setzen" (V. 26), wobei das hebräische Wort ‚schalom' die „Unversehrtheit", die „Glückseligkeit" meint. Jeder Vers enthält zwei Verben. Aus ihnen und den in V. 25 und V. 26 zugeordneten Substantiven ergibt sich eine Einheit von innerem Empfinden und körperlicher Ausdrucksmöglichkeit. Diesen Segensworten ist die Leiblichkeit des Heils abzuspüren.

In der hebräischen Sprache gibt es das Wort ‚barak' in zweifacher Bedeutung: knien und segnen. So könnte sich in diesem Wort andeuten, daß knien und segnen zu einer Segenshandlung gehören.

Dem grundlegenden Vers 24 folgen Erweiterungen, in denen das Antlitz (panim) Gottes das Zentrum bildet. Die hebräischen Worte V. 25: „Lichte Er sein Antlitz dir zu" (nach M. Buber) finden sich wieder in unserem Wort „Ant-litz": das Entgegenleuchtende, das Entgegenblickende. Noch weiter geht der V. 26: „Hebe Er sein Antlitz dir zu" (nach M. Buber). Die beste Wiedergabe des Inhalts dieser Worte findet sich in unseren Worten „Zuwendung", „Zuneigung".

So läßt sich in aller Vorläufigkeit dieses sagen: Im Segen drückt sich die Zuneigung Gottes aus. Wörtlich genommen heißt das: Im Segen ist die körperliche Zuwendung erfahrbar, aus der das innewohnende Gefühl der Zuneigung spricht.

Zum Segen gehört also einmal die körperliche Ausdrucksweise. Erlebbar wird sie in der Zuwendung des Antlitzes Gottes, das er zu mir hebt und das mich anstrahlt. In der formelhaften Ausdrucksweise läßt sich eine der tiefsten Prägungen von uns Menschen erkennen. Die verwendeten Ausdrücke verweisen zurück auf Eindrücke in unserer Seele, da unser Fühlen geprägt und gestärkt wurde.

Deshalb gehört zweitens zum Segen die sprachliche Ausdrucksweise. In und aus den in Formeln gefaßten Worten wirkt eine Kraft, die Stärkung gibt über den Tag hinaus.

Und drittens gehört zum Segen das sichtbare Zeichen: die Hände über dem Haupt des Knienden. Sie sind wie ein schützendes Dach und zeichnen das Kreuz über dem Knienden in den Raum des Gotteshauses. Nicht ohne Grund bedeutet das Wort Segen (von lat. signare) „mit dem Zeichen (des Kreuzes) versehen". All das verweist uns auf eine Verwurzelung des

Segens im magischen Denken und Fühlen. Auch das gehört zu den Erfahrungen, wenn wir den Bereich des Heiligen betreten. Es gibt nicht viele Worte, welche diese Tür öffnen. Die Worte des Aaronitischen Segens aber zählen dazu.

Rückmeldungen nach der Feier

Die Rückmeldungen nach der Feier eines Konfirmationsjubiläums sind fast ausnahmslos positiv. Zum Teil wird das noch während des gemeinsam verbrachten Tages zum Ausdruck gebracht, zum Teil erreicht dieses Feedback die Ausrichtenden in Form eines Dankesbriefes in den Wochen nach der Feier.

Der Grund für dieses gute Echo liegt nach Angaben der Jubilare nicht nur darin, daß sie selbst mit ihrer spezifischen Lebenssituation wahrgenommen und angesprochen werden, sondern auch und besonders in der formalen Gestaltung dieses Feiertages. So ist es ganz wichtig, daß die Ehe- und Lebenspartner der Jubilare an der Feier teilnehmen dürfen. Sie gehören zum je individuellen Leben der einzelnen Männer und Frauen dazu und damit auch zur Gemeinschaft der Feiernden. Die Ehe- und Lebenspartner selbst bestätigen das, indem sie fast ausnahmslos mitkommen. Überdies erleben diejenigen unter ihnen, die an keinem eigenen Konfirmationsjubiläum teilnehmen konnten, weil z. B. eine Silberne Konfirmation in ihrem Herkunftsort nicht begangen wird, dieses Fest in ähnlicher Weise wie die Jubilare selbst als Betroffene. In einem anderen Fall, wo der Lebensgefährte einer Silbernen Konfirmandin zwar mit ihr zum Gottesdienst gekommen war, an der anschließende Fortsetzung des Festes aber nicht teilgenommen hat, weil er zwischen persönlichen und gemeinsamen Angelegenheiten bewußt unterschieden hat, sah sich die Jubilarin am Ende ein wenig in die Rolle eines „Singles" versetzt. „Es war schade, daß der W. nicht mit mir gekommen ist."

Ein anderes tragendes Moment ist die Gliederung der Feier in verschiedene Abschnitte, die sich auf den Verlauf des gemeinsam begangenen Tages (oder gar Wochenendes) verteilen. Der Zusammenhang der verschiedenen „Stationen" wie Gottesdienst, Mittagessen, Spaziergang und Kaffeetrinken lassen die ganze Feier zu einer quasi „liturgischen Einheit" werden, die Inhalte sichtbar macht und Wege öffnet, eben weil auch Zeit zu Gesprächen und zur Begegnung gegeben ist. Eine Teilnehmerin erlebte es als sehr wohltuend, daß sie hier einmal die Zeit haben durfte, die ihr sonst so oft fehlt.

Zu den bejahten Elementen dieser „Liturgie" gehört selbstverständlich auch das gemeinsame Gruppenfoto zur Erinnerung. Denn es hält das persönlich und doch gemeinsam Erfahrene im Bild fest, wird also, wenngleich es nur ein optisches Dokument ist, zu einem sichtbaren und greifbaren Symbol des Erlebten" (so eine Silberne Konfirmandin). In diesem Zusammenhang war das Erfahrungsmoment besonders groß, wenn das entsprechende Bild in der Kirche aufgenommen wurde, weil es in einem zugleich die persönliche Zugehörigkeit zu Gott – symbolisiert durch den sakralen Raum des Kircheninneren – und zu der Gemeinde – symbolisiert durch die Gruppe – charakterisiert.

Dennoch darf man sich nicht vorschnell der Illusion hingeben, durch die Feier von Konfirmationsjubiläen einen wesentlichen Beitrag zum Gemeindeaufbau leisten zu können. Das Konfirmationsjubiläum bleibt ein selbständiger Kasus, der wichtig ist vor allem für den persönlichen Lebensweg des einzelnen. Gleichwohl bietet er denen, die ansonsten eher auf Distanz zum kirchlichen Handeln stehen, Gelegenheit, ihr Bild von Kirche „ renovieren" zu lassen, indem ihren negativen Erfahrungen – oder Vorurteilen? – eine positive zur Seite gestellt wird und sie kirchliches Handeln als etwas Sinnstiftendes erleben können. Selbst Nichtkirchengänger äußerten sich nach der Feier ihrer Silbernen Konfirmation dahingehend, daß der Kirchenbesuch etwas Wohltuendes an sich hatte und ihnen der Gottesdienst so etwas wie ein Zuhause geboten hätte.

Insgesamt zeigten die Rückmeldungen, daß es sinnvoll und wichtig ist, den Kasus des Konfirmationsjubiläums in den Gemeinden zu begehen, weil er an jeweils besonderen Lebensabschnitten das Leben der Angesprochenen deuten hilft und neue Perspektiven eröffnet.

IV. Psalmen und Meditationen

―――――◆―――――

Psalm: Stimmungen

Wie die Saiten eines Flügels
ihre Stimmung verändern bei
Kälte und Wärme;
wie sie
angespannt sind und sich entspannen,
wie sie die Zartheit des Anschlags
wiedergeben
oder die Derbheit,
so lebt auch der Mensch.

Schwankend von Stimmung zu Stimmung,
ausgesetzt dem Frost und der Hitze,
wohlgestimmt und mißgestimmt
erklingen die Melodien unseres Lebens.

Wer aber setzt die Vorzeichen,
bemißt Dur und Moll,
bringt zum Erklingen,
was längst tonlos war?
Manchmal erklingen Melodien in mir,
deren Klang mich verzaubert.
Manchmal klingt alles schräg
und laut und blechern.

Sollte es sein,
daß ich schon immer
den Melodien folgte, die ich
einst im Himmel vernahm

und die ich nun wieder höre
in der Stille meines Lebens?

Was stimmt daran
und was nicht?

So will ich
die Melodien der Freude lernen
und die Trauerlieder singen
wie ein Vogel,
der einsam auf dem Dache klagt
und in den Wipfeln der Bäume jubiliert.

Psalm

Was betrübst Du Dich, meine Seele,
und bist so unruhig in mir?

Still ruht der See.
Ich halte inne und schaue hinein.
Mein Antlitz spiegelt sich in ihm.
Alles ist klar.
In meinen Augen spiegeln sich die Wasser.
Ich fange an zu träumen.

Ich tauche ein in den See.
Wasser umgibt mich von allen Seiten.
Es umspielt mich und trägt mich.
Ich fühle mich geborgen.
Langsam versinke ich,
versenke mich tief hinein
und lausche:

See - - - Seele - - - zum See gehörig
In mir lebt, was wie ein See ist:
meine Seele.

Klar ist sie und rein wie der lichte Morgen.
Lichtstrahlen fallen ein,
nichts trübt den Blick,
der Grund liegt klar vor mir.
In der Tiefe meiner Seele entdecke ich all die Schätze,
die tief in mir verborgen schlummern.
Bergen müßte ich sie, nach oben bringen
ans Tageslicht,
damit mir bewußt wird,
wer ich eigentlich bin.

Dort in der Tiefe meiner Seele höre ich
die leisen Melodien meines Lebens,

und in mir klingt ein Lied,
dessen zarte Töne mich umspielen wie Zärtlichkeit.
Sie künden von einer Weisheit,
die ich oben nur erahnte.

Dann aber ist meine Seele tief bewegt,
aufgewühlt von den Stürmen dieses Lebens bin ich.
Unruhig werde ich wie vom Winde bewegte Wasser.
Was mich so tief aufwühlt,
bringt mich ganz durcheinander
und wirbelt den Schlamm auf, der sich ablagerte auf dem Grund.
Und dann ist meine Seele betrübt.
Trübe geworden ist sie, weil all das,
was ich tief verbarg und ablegte,
nun wieder zum Vorschein kommt.

Still müßte ich werden und spüren,
wie Ruhe einkehrt in aufgewühlten Zeiten.
Stille brauchte ich, damit sich setzen kann,
was so durcheinander geraten ist.
Still müßte ich sein, damit sich wieder klärt,
was so trübe aussieht.

So tauche ich auf aus den Tiefen
und bringe mit vom Grunde meines Lebens,
was ich fand:
den Reichtum meiner Seele,
die Schönheit meiner inneren Welt,
die Freiheit, aufspielen zu können,
wie ich möchte.
Auch weiß ich um Betrübnis,
kenne, was meine Seele aufwühlt
und dunkel macht.

Und ich fühle mich Dir, mein Gott,
in der Tiefe meiner Seele so nahe
wie sonst nirgends.

Meditation: Trennung

Fuge

Herr, lege Deine Finger in die Fugen
meines Leides und heile die Risse
der Trennungen in meiner Seele.

Ist es mir doch aufgegeben,
immer wieder in allen meinen Tagen
etwas aufzugeben.
Wovon ich mich auch trenne,
immer verliere ich dabei.
Ist doch in die Trennung eingewoben
das Leid meiner Tage und die Trauer,
die meine Seele trübe macht.
Wer sagt mir denn, daß die notwendigen
Trennungen auch meine Not wenden?
Wer verhängt mir dieses unfaire Schicksal?
Wer schickt mir mein Lebenslos,
daß ich in Stumpfsinn versinke,
wo ich doch reifen möchte?
Immer wieder muß ich mich trennen.
Kaum spüre ich Geborgenheit
im Leib meiner Mutter
und spüre
das beruhigende Gleichmaß
ihres schlagenden Herzens,
so werde ich unter Wehen getrennt,
und mein Leben hängt am seidenen Faden.
Schutzlos bin ich und bleibe es
bis an das Ende meiner Tage.

Ach könnte ich doch einmal noch
dieses unbeschwerte Einssein erfahren.
Aber da ist nur eine niederdrückende
Ahnung von Einsamkeit,

und mich ängstigt,
in Beziehungslosigkeit dahinzugleiten.
Gäbe es nicht dieses stille Hoffen
in den Zimmern meiner Seele,
das da kündet von der Kraft,
die Trennendes zusammenfügt und verbindet.
Was bleibt mir denn noch,
außer daß ich meine Liebe in die Waagschale
werfe gegen die trennende Angst?

Herr, lege Deine Finger in die Fugen meines Leides,
ist da doch dauerndes Abschiednehmen.

Was da trennt, verstümmelt mich doch.
Was da trennt, hinterläßt doch Störungen.
Was da trennt, wirkt doch
gleich unerklärten Krankheiten,
die man lieber verschweigt
oder benennt mit alten Namen:
Heimweh martert meine Sinne,
Kummer frißt an meiner Seele,
Wehmut trübt meine Gedanken,
Gram nagt an meinem Lebensfaden,
Herzeleid zeigt den Durst meines Fühlens.

Muß ich wirklich dauernd entbunden
werden von dem, woran ich hänge?
Gibt es keinen Aufbruch ohne Trennung?
Ja, Stillstehen ist Zurückgehen.
Es gelingt mir nur im Fortschreiten,
zu bleiben, zu werden, der ich bin.
So werfe ich meine Liebe
in die Waagschale gegen die Angst,
und mein Herz werde
so leicht wie eine Feder.

Aber ist nicht die widersinnigste,
die schmerzlichste Trennung diejenige,
die entzweit, was Liebe geeint hat?

So neigt sich meine Lebenswaage
lieber dahin, mir diese
Trauererlebnisse zu ersparen.
Ich suche ein Leben ohne Schmerz.
Aber werde ich dann vielleicht
ein Leben ohne Fülle haben?

Herr, lege Deine Finger in
die Fugen meines Leides,
daß ich lerne,
mit Trennungen umzugehen,
statt sie zu umgehen.

Meditation: Jesaja 54,7

Wo du hingehst, da will auch ich hingehen.
Mit dir gehe ich durch dick und dünn.
Pferde kannst du mit mir stehlen.
Auf mich kannst du dich verlassen.
Verlassen liege ich unter den Toten.
Mein Gott, warum hast du mich verlassen?

Ich sage viel zu leichtfertig „Ja" im Leben.
Ich sage viel zu schnell „Mit mir" im Leben.

Ohne dich bin ich einsam.
Ohne dich fehlt meinen Lebensflügeln jede Kraft.
Ohne dich wird mein Fuß unsicher.
Ohne dich überfällt mich die Angst
wie undurchdringlicher Nebel.
Ohne dich verlöscht das Licht meiner Hoffnung.
Ohne dich wird mir das Heute zur Wüste.
Ohne dich hänge ich durch.
Ohne dich findet mein Schrei kein Ohr.
Oft bin ich es, zu dem eine Stimme sagt:
Willst du mit mir gehen?
Oft bin ich es, dem ein Mund klagt:
Ohne dich ist mir der Himmel verhangen.

Ich sage viel zu leichtfertig „Ja" im Leben.
Ich sage viel zu schnell „Mit mir" im Leben.

Ich will mit dir gehen, und sei es durch die Hölle.
Aber ich kenne die Hölle des Lebens nicht.
Ich spüre nicht das Feuer des Verderbens
noch bläst mir die kalte Todesnacht ins Gesicht.
Die Wege der Dunkelheit sind mir nur vom Hörensagen bekannt.
Was Heimat sein könnte,
spüre ich in meiner Zerstreutheit viel zu selten.

Noch sind nur wenige gesammelt in spürbarer Geborgenheit.
Noch vernichten Ehre, Reichtum und Macht
viel zu oft die Lebensruhe.
Noch sind viel zu wenig Menschen
in sich selber zu Hause.

Ich gehe mit dir, und sei es durch die Hölle.
Aber ich spüre die Krankheiten noch nicht,
die Mark und Bein zerfressen.
Noch vertreibt betriebsame Unrast
das heilvolle Schweigen meines Alltags.
Noch rede ich viel zu viele Worte,
welche die Tiefen des Lebens eher zudecken.
In guter Absicht bleiben tröstende Gesten stecken.

Ich gehe mit dir, und sei es durch die Hölle.
Aber ich weiß nicht, wie die Angst ist
vor der Einsamkeit des Sterbens.
Ich spüre nicht die Ausweglosigkeit der Unheilbarkeit.
Noch dringt der Ruf des Lebens in mein Ohr.
Noch klopfe ich nicht vergeblich an Türen,
Noch finden sich die Hände.
Noch fragt mich dein Mund:
Willst du mit mir gehen?
Noch kann ich dich bitten:
Willst du mit mir gehen?
Noch kann ich klagen:
Mein Gott, mein Gott,
warum hast du mich verlassen?

Und ich höre voller Freude
im Leide die Stimme Gottes:
Ich habe dich einen
Augenblick verlassen,
aber mit großer Barmherzigkeit
will ich dich sammeln.
Keiner soll dich mehr
„Verlassener" nennen
und nicht mehr „Einsamer".

V. Liedpredigten

Zur Silbernen Konfirmation: „Nehmt Abschied, Brüder"

Nehmt Abschied, Brüder, schließt den Kreis,
das Leben ist ein Spiel,
und wer es recht zu spielen weiß,
gelangt ans große Ziel.

Ein jeder Mensch hat so seine Lieblingslieder. Eines der Lieder, die ich mag, heißt: „Nehmt Abschied, Brüder, ungewiß ist alle Wiederkehr. Die Zukunft liegt in Finsternis und macht das Herz uns schwer."

Ich habe mir Gedanken gemacht, warum es gerade dieses Lied ist, das mir so gefällt. Mir fiel dabei ein, daß in ihm auf eine wunderschöne Art und Weise unser christliches Leben beschrieben wird. Worte benennen Hoffnungen und Ängste. Bilder aus der Natur veranschaulichen unsere Gefühle. Auf diese Weise wird das, was wir um uns erleben, zu einem Beispiel für das, was in uns vor sich geht.

An einer Stelle in dem Lied heißt es: „Nehmt Abschied, Brüder, schließt den Kreis, das Leben ist ein Spiel, und wer es recht zu spielen weiß, gelangt ans große Ziel."

Da saß ich, so wie ihr heute, in einem Gottesdienst und freute mich, weil mein Lied gesungen werden sollte. Ihr kennt das ja: Wenn Lieder gesungen werden, die wir gern hören, dann ist es so, als hüpfe unser Herz vor Freude. Wir waren dann am Singen und genau an der Stelle, die ich euch eben vorgelesen habe, hatte jemand in den Text eingegriffen. Da stand dann nicht mehr: „Das Leben ist ein Spiel, und wer es recht zu spielen weiß, gelangt ans große Ziel". Der da verändert hatte, hatte das ganz geschickt gemacht: „Das Leben ist kein Spiel, und wer es recht zu leben weiß, gelangt ans große Ziel" lautete die Strophe nun.

Nanu, dachte ich und ärgerte mich wegen der ungewohnten Worte. Ist denn das Leben ein Spiel, oder hat der, der den Text änderte, recht? Später fand ich in der Bibel im Buch „Weisheit" (es steht in den Apokryphen zum Alten Testament) einen Gedanken, der scheint dem Recht zu geben. Sinngemäß heißt es da nämlich: „Die Menschen irren, die glauben, daß das Leben wie ein Spiel sei" (Weisheit 15,10–12).

Wenn ich aber Kinder betrachte, wie sie heranwachsen, dann weiß ich, das Leben ist doch ein Spiel, erfahren doch Kinder ihre Welt spielend. An ihnen entdecke ich, welche Chance darin liegt, das Leben spielend zu begreifen.

Wenn wir älter werden, dann werden unsere Spielräume enger. Manchmal versuchen wir verzweifelt herauszufinden, wie viel Spielraum wir nötig haben und wie viel Nähe wir uns gegenseitig gestatten. Und im Liebesspiel erfahren wir eine Nähe, die zugleich unser Dasein entgrenzt.

Dieses Problem hat der Philosoph Arthur Schopenhauer in einer kleinen Geschichte verdeutlicht. Von Stachelschweinen erzählt er, in deren Lebenswelt eines Tages entsetzliche Kälte einbrach. „Wir wollen näher zusammenrücken", sagten sie, „und uns gegenseitig wärmen." Und weil es so kalt um sie war, rückten sie ganz dicht zusammen. Dabei stachen sie sich gegenseitig fürchterlich. Alsbald rückten sie auseinander und beschimpften einander, fingen aber wieder erbärmlich zu frieren an. Da sagte der Älteste der Stachelschweine: „Laßt uns eine Möglichkeit finden, daß wir so nahe zusammenrücken, um uns gegenseitig zu wärmen, aber auch so viel Abstand halten, damit wir uns nicht weh tun!"

Wenn uns das im Leben gelänge, den Spielraum des Lebens zu finden, in dem wir einander Wärme geben, ohne uns immer wieder zu verletzen!

Ähnlich muß es Jesus gesehen haben, wenn er sagt: „Wer sein Leben zu bewahren sucht, der wird es verlieren; und wer es verlieren wird, der wird es gewinnen" (Lukas 17,33).

Sein Leben bewahren wollen, dazu gehört, daß wir mit großem Aufwand versuchen, uns gegen alle Möglichkeiten des Lebens zu versichern. Dabei schenken wir den Werbesprüchen Glauben, mit der richtigen Versicherung verliere das Leben seine Schrecken. Das setzt sich wie eine die Ängste stillende Verheißung in uns fest.

Um so erstaunter und erschrockener reagieren wir dann, wenn uns Krankheit schlägt oder der Tod an unsere Lebenstüre pocht. Es gibt Dinge, gegen die wir uns nicht absichern können. Und dann?

In einem Krankenhaus traf ich einen gerade vierzigjährigen Mann. Ein Bein hatte man ihm abgenommen. Es war von Krebs befallen. Da lag er nun in seinem Krankenbett und sagte, die Tränen kaum verbergend: „Nun habe ich über 20 Jahre geschuftet, um in meinem Beruf voranzukommen. In der Arbeit bin ich aufgegangen. Meine Lebensmöglichkeiten waren die ganzen Jahre eingeschränkt. All mein Geld habe ich gespart. Wenn das nun alles gewesen ist, daß ich mir mit meinen vierzig Jahren die beste Prothese kaufen kann, dann war das ein bißchen wenig im Leben!"

Warum muß unser Lebensspielraum erst immer so eng werden, bis wir entdecken, daß Leben tatsächlich mehr ist, als wir oft leben? Und wie sollen wir dann noch spielerisch mit diesem Leben umgehen?

Wenn Jesus gefragt wurde, was denn für ihn Leben sei, was wichtig daran sei, und was man getrost lassen könne, dann hat er den Menschen oft Beispielgeschichten erzählt. Das Wort „Bei-spiel" meint, daß er mit seinen Gleichnissen den Menschen etwas beispielen wollte, so wie ein Fußballspieler dem anderen den Ball zuspielt. Mit seinen Beispielgeschichten nötigte Jesus die Zuhörer, selbst die Antwort zu suchen und danach zu leben. Oftmals bargen die Antworten Schwierigkeiten, weil sie Lebensgewohnheiten zuwider liefen. Wie aber kann man mit Schwierigkeiten im Leben noch spielerisch umgehen?

Von norwegischen Fischern, die auf den Lofoten-Inseln im Eismeer leben, wird folgendes erzählt. Wenn Sturm aufkommt und rauhe Winde das Meer aufpeitschen, dann vertäuen manche Fischer schnell ihre Schiffe im Hafen, eilen in ihre Häuser und sichern Fenster und Türen. Andere setzen sich in ihre kleinen Schiffe, fahren hinaus auf das Meer und setzen ihr Leben und ihre Schiffe dem Wechselspiel von Wellenbergen und Wellentäler aus. Sie ertragen es, von den tosenden Wellen in die Höhe getragen zu werden, um im nächsten Augenblick hinunterzusinken in das nächste Wellental. Und dann erleben die Seeleute, daß man sich den Naturgewalten angleichen kann, um durch sie hindurchzukommen. Wie viel an dieser Erzählung Dichtung, wie viel Wahrheit ist, sei dahingestellt. Sie verdeutlicht aber, daß zu dem spielenden Lernen im Leben auch gehört, sich auf Gefahren einzustellen und einzulassen. Wer sein Leben an die kurze Leine legt, der erlebt oft genug, daß er sich dadurch selbst fesselt und seine Spielräume einengt.

Auf der anderen Seite wird auch deutlich, daß uns das Leben manchmal zu übermächtig wird und uns zu viel abverlangt. Dann gleichen wir diesem einen Brunnen, der, mitten in der Wüste gelegen, einen heißen Sommer zu überstehen hatte. Fast alle Blumen waren längst vertrocknet, selbst die Bäume verdorrten nacheinander. Mühsam preßte der Brunnen aus der Tiefe des Erdreiches Tag für Tag ein paar Tropfen Wasser. Doch damit konnte er gerade noch eine einzige Blume am Leben erhalten. Da nun der Brunnen mitbekam, wie ringsumher alles starb, sagte er: „Was bin ich doch für ein blödes Geschöpf! Alles um mich her geht kaputt, und ich quäle mich Tag um Tag einzig für ein paar Tropfen Wasser und kann damit am Ende nur diese eine Blume am Leben erhalten. Es wäre mir leichter, wenn auch ich meinen Dienst einstellte!" Das hörte ein alter Affenbrotbaum, der in seiner Nähe stand. Seine Wurzeln waren tief in das Erdreich hineingewachsen. Aber auch ihm machte die Hitze so zu schaffen, daß er kurz vor seinem Tode stand. In seinen letzten Zügen liegend sagte er zum Brunnen: „Warum beschwerst du dich eigentlich? Du sollst ja nicht die ganze Welt bewässern. Es genügt, wenn du für diese eine Blume da bist!"

Unsere Spielwiese ist die ganze Welt. Dort suchen wir den Ort, für den wir Verantwortung tragen. Dadurch werden Spielräume nicht eingeengt. Der Blick öffnet sich dem Wesentlichen: „Du bist nur für diese eine Blume da!". Das gibt Kraft für das Spiel mit den Mühen.

Es irrt der Mensch, der in das Lied eingriff und dem Leben das Spielerische absprach. Das Leben ist ein Spiel, voller Überraschungen manchmal. Es erfüllt sich, wo wir den göttlichen Lebensfaden darin entdecken.

In Göttingen lebt ein Wissenschaftler, Manfred Eigen heißt er. Seine Arbeitskraft hat er aufgewandt, um herauszufinden, wie sich in den Lebensträgern – den langen DNS-Lebensfäden – das Leben von uns Menschen entwickelt. Für seine Erkenntnisse erhielt er den Nobelpreis. Ein Buch hat er darüber geschrieben. Es heißt: „Das Spiel – Naturgesetze steuern den Zufall." Darin beschreibt er, was sich in uns Menschen Tag für Tag abspielt: Wie nämlich die Bausteine unseres Lebens unsichtbar für uns zu jeder Zeit spielerisch ausprobieren, auf welche Weise Leben erhalten und verändert werden kann. Alles, was sich Tag für Tag in uns abspielt, wird geregelt durch das Spielen und Ineinandergreifen der Lebensbausteine. Stünden sie nur gesetzmäßig wie Pfeiler nebeneinander, dann lebten wir nicht.

Diese faszinierende unsichtbare Welt der Schöpfung in einem jeden von uns könnte unseren Mut stärken, gegen Starrheiten das spielerische Wagnis auch in unserem äußeren Leben einzugehen und sich dem Wechselspiel von Hoch und Tief anzuvertrauen. Darauf ruht der Segen Gottes.

Gebet

Ich will Dir, mein Gott, mein Herz öffnen und voller Erstaunen Deine Nähe spüren. Ich will Dir meine Ohren öffnen, um von dem Geheimnis des Lebens zu hören. Ich will mir meine Augen von Dir öffnen lassen, um die wichtigen Dinge sehen zu können. Ich will mit meinem Verstand die Entsprechungen dieses Lebens verstehen lernen, um Deinen Lebensfaden darin zu entdecken. Und wenn mein Leben sich in Gewohnheiten verengt, dann wecke mich auf. Und wenn mein Lebensspiel vor lauter Taktik zu erstarren droht, dann rüttle mich wach. So will ich Dir, mein Gott, vertrauen im Auf und Ab des Lebens, auch wenn ich dabei nichts in den Händen habe. So soll es sein. Amen.

Zur Goldenen Konfirmation:
„Jesus Christus herrscht als König" (EG 123)

Liebe Jubilarinnen und Jubilare,
liebe Festgemeinde!

An diesem Sonntagmorgen geschieht für einige unter uns etwas Besonderes! Nach fünfzig Jahren Konfirmationszeit und Einsegnung in dieser Kirche, vor diesem Altar, kommt die ehemalige Konfirmandengruppe wieder zusammen. Vielleicht sind manche unter Ihnen mit erwartungsvollen Gefühlen und Gedanken hierhergekommen; von weit her oder eben aus den Orten unserer Kirchspielgemeinden. Und nun, nach dem ersten Wiedersehen, nach dem Ankommen in Hülsa und jetzt im Gottesdienst der Gemeinde: da ist wohl inmitten der ersten Ungewißheit die Spannung gewichen! Die Freude, sich wiedergefunden und Heimat in dieser Kirche zu haben – wie damals –, ist an die Stelle all dessen gerückt. Mit Ihren Familienangehörigen oder Freunden gehören wir nun zusammen zu dieser großen Festgemeinde, die mit Ihnen das Jubelfest der Goldenen Konfirmation feierlich begeht.

Erinnerungen, Erfahrungen aus Ihrem Leben, aus dem Glauben, bringen Sie mit in diesen Gottesdienst und Erwartungen für die Zukunft. Gewissermaßen ist es der Reichtum Ihres Lebens in den unterschiedlichsten Schattierungen und Ausprägungen, den Sie wie einen Schatz mit sich tragen. Die Bibel nennt diesen Reichtum des Lebens, in dem sich schon ein Stück des Himmelreichs spiegelt, oft einen Schatz. Und Jesus vergleicht Menschen, die ihn voller Freude und Dankbarkeit gefunden haben, mit der Wiedersehensfreude einer Frau im Gleichnis vom verlorenen Groschen oder mit der großen Überraschungsfreude eines Menschen, der einen kostbaren Schatz im Acker findet.

Erinnerungen, Erfahrungen und Erwartungen in Bezug auf diesen Lebensschatz und Glaubensreichtum wollen uns nun diesem Reich Gottes nahebringen und uns öffnen für Gottes Nähe und Zukunft. Als Band des Glaubens möchte uns an diesem Tag eines ihrer Konfirmationslieder leiten: „Jesus Christus herrscht als König". Dieses Lied war wohl eines der oft gesungenen, beliebten Lieder in Ihrer Konfirmandenzeit, wie mir eine ihrer Mitkonfirmandinnen versicherte.

Diese oft gesungenen Lieder, die Ihr Konfirmator gerne anstimmte, lassen zunächst die Erinnerungen an die Jahre im Zweiten Weltkrieg und danach wach werden: Die Erinnerungen an Unterricht, an Konfirmanden- und Schulzeit und natürlich an Ihre Einsegnung und Konfirmationsfeier in diesen Jahren.

So bedrückend und kärglich diese Zeit äußerlich durch die Kriegsjahre auch war, so einigend und festigend war doch auf der anderen Seite die Gemeinschaft in der Konfirmandengruppe und Kirche. Es ist schon erstaunlich, wenn nicht gar bemerkenswert, daß Sie angesichts von Kriegswirren, Tod und Zerstörung im Lande dennoch zwei Mal pro Woche in den Konfirmandenunterricht kamen. Obgleich 1943 der „totale Krieg" erklärt wurde und viele der Väter in den Krieg abgezogen waren, bereiteten Sie sich in dieser ungewissen Situation auf ihre Konfirmation vor.

„Jesus Christus herrscht als König / alles wird ihm untertänig / alles legt ihm Gott zu Fuß. / Aller Zunge soll bekennen / Jesus sei der Herr zu nennen / dem man Ehre geben muß." So sangen Sie mitten in der Zeit des Nationalsozialismus. Ihr Konfirmator hat sich etwas dabei gedacht, daß er gerade dieses Lied sehr häufig singen ließ, und er wollte Ihnen wohl etwas damit auf den Weg geben. Nach außen mußte dieses Lied bekenntnishaft verstanden werden, beanspruchten doch Hitler und seine Gefolgschaft, als Herren und Herrscher dieser Welt gefeiert zu werden. Darum bezeugte eben dieses Lied in der damaligen Zeit den Glauben an unseren Herren, der alleiniger Herr und Erlöser ist! So hatte es damals und so hat es heute wieder tiefe Bedeutung, wenn wir es gemeinsam singen. Es zeigt den Anspruch, mit dem wir behaupten, Mensch zu sein und in dieser Welt als Christ zu leben. So sagt auch die zweite Strophe des Liedes, daß wir Gott dienen und nicht irdischen Gewalten; und daß wir uns Christen nennen, weil wir Jesus Christus die Ehre geben und nicht den Götzen unserer Zeit, welchen Namen wir ihnen auch geben.

Ihr „altes" Lied ist darum kein ausgehöhltes, leeres Lied, sondern ein Bekenntnis auch und gerade in unserer Zeit; ein Bekenntnis zu Gott und seinem Reich. „Fürstentümer und Gewalten, / Mächte, die die Thronwacht halten, / geben ihm die Herrlichkeit; / alle Herrschaft dort im Himmel, / hier im irdischen Getümmel / ist zu seinem Dienst bereit /."

Schließlich hat sich in die aufgelebte Erinnerung seit einer Reihe von Jahren Ihr persönlicher Schatz an Erfahrungen gemischt. Das ist das nächste, wovon die Rede sein soll. – Nach dem Kriegsende war es Ihrer Generation als Last und Mühe aufgegeben, unser Land aufzubauen, Versöhnung und Vertrauen in der Völkergemeinschaft zu üben und den Glauben an eine Zukunft nicht zu verlieren, für die Christus eingestanden ist und gelebt hat: eine Zukunft mit einer menschenwürdigen und gottgewollten Lebensgemeinschaft, in der Gnade vor Recht ergeht und Liebe vor Unrecht und Haß zählt. Sicher mußten Sie dazu erst aus dem Schatz schöpfen und leben, den die Kindheit und das Vertrauen der Familie Ihnen mitgegeben hatte.

Vielleicht ist es manchem aber auch so ergangen, wie jenem Gefangenen Willy Kramp, der in der Zeit des Zweiten Weltkriegs eine ganz neue Entdeckung für sich und seinen Glauben gemacht hat. Er sagte Jahre später: „In der Not des Erlöschens aller äußeren Bilder erlebte ich voll Verwunderung, wie aus den untersten Gründen der Erinnerung die Lieder meiner Kindheit aufstiegen ... Und das Wiedergefundene half mir leben. In jener Zeit wurden auf eine ganz besondere Weise die Kirchenlieder, die ich in meiner Erinnerung trug, zu meinen treuen Helfern. Ich sang sie laut. Als mir das Singen verboten wurde, sprach ich sie vor mich hin. Als mir das Sprechen verboten wurde, flüsterte ich sie. Aber ihre bewahrende, aufrichtende Kraft wurde bei alledem nicht geringer." (Zitiert bei F. Laubscher, Sieh, das ist Gottes Treue ..., Hamburg 1986, S. 24).

Liebe Gemeinde, aufgrund dieser erzählten Erfahrung können wir sehen, welchen Reichtum die alten Lieder des Gesangbuchs für uns bereithalten. Sie sind auch ein Schatz, der uns für das ganze Leben gegeben ist und der besonders gehoben und aufgetan werden kann, wo einstmals viele Lieder auswendig „in das Herz" geschrieben worden sind. Sie bergen gewissermaßen das Evangelium, die frohe Botschaft und Hoffnung für uns in verdichteter Form.

„Nur in ihm, o Wundergaben / können wir Erlösung haben, / die Erlösung durch sein Blut. / Hört's: das Leben ist erschienen, / und ein ewiges Versühnen / kommt in Jesus uns zugut / ". – Haben Sie das selbst erfahren in Ihrem Leben? Oder bei der Trennung und dem Tod geliebter Menschen und Ehepartner?

Schnell gesungen ist ein Lied! Eifrig geht es oft über unsere Lippen, aber das Leben kommt dem Glauben manches Mal nicht hinterher. Dann wird uns die Aufgabe in unserem Leben gestellt, diesen gesungenen Liedern, dem verdichteten Evangelium, nachzukommen. Und manchem von uns lag ein „Lobe den Herrn, o meine Seele" vielleicht nicht so nahe wie die Selbstaufforderung des bekannten Gerhardt-Liedes: „Befiehl du deine Wege / und was dein Herze kränkt / der allertreusten Pflege / des, der den Himmel lenkt."

Und auch die Worte des Lieddichters Rudolf Alexander Schröder mögen zu manchem unter uns passen, der erzählt: „Gib dich zufrieden und sei stille ... Dieses Lied ist mit mir gegangen durch Jahrzehnte, in denen ich mich der Lehre und der Kirche Jesu Christi auf Nimmerwiedersehen entfremdet wähnte; sein Seelenton hat mich auch damals zu Tränen gerührt. Es sind die Paul Gerhardt Lieder gewesen, an denen ich mit leiser Hand zurückgeführt worden bin, noch ehe mir das Wort der Schrift selbst wieder lebendig geworden war." (Zitiert bei F. Laubscher, a.a.O., S. 23).

So mag uns Ihr „altes" Konfirmationslied auch wieder zurückführen zu einem festen Glauben, zu einem Vertrauen, mit dem wir auch den Erwartungen an die Zukunft ins Auge blicken können. – Auch da gibt es ein Bündel an Hoffnungen, mit denen Sie nun weiter Ihres Weges gehen wollen. Ihr Lied beschreibt sie in dem schönen Bild vom Pilgrim, vom Wanderer, der hier doch fremd ist, der aber bei Gott seine Zukunft und Heimat hat. Mag es dieses trostvolle Bild sein, das Ihre Situation aufnimmt und Sie begleitet.

Vieles liegt nun schon hinter Ihnen. Nicht alles und jedes müssen Sie mehr ausprobieren oder haben. Nach dem ausklingenden Arbeits- und Berufsleben können Sie nun gelassener vielen Dingen ins Auge sehen, auch in dem Wissen, daß dies nicht alles ist und daß nicht die Leistung vor Gott zählt.

Vielmehr möge Sie das Erlebte dankbar stimmen und getrost machen für die Zukunft, weil es das Reich Gottes ist, dem wir entgegengehen. Christus selbst steht an der Schwelle und wartet auf uns. Ihm leben wir in der Gemeinschaft der Christen entgegen: er wartet, uns gnädig zu empfangen. Jede und jeden unter uns mag darum auch dieser letzte Vers des Liedes ansprechen, in das wir gleich einstimmen werden:

„Ich auch auf der tiefsten Stufen, / ich will glauben, reden, rufen, / ob ich schon noch Pilgrim bin: / Jesus Christus herrscht als König; / alles sei ihm untertänig; / ehret, liebet, lobet ihn!"

Zur Diamantenen Konfirmation:
„So nimm denn meine Hände" (EG 376)

Eure früheren Lehrer und euer Pfarrer, der euch konfirmierte, hätten ihre Freude an eurem Gesang. „Das Lied sitzt", würden sie wohl nicht ohne Stolz sagen. Sogar die zweite Stimme könnt ihr noch singen. Die Tränen zeigen an, in welche Tiefen dieses Lied schwingt und aus welcher Tiefe es gesungen wird. Wie oft haben Jubilare sich gerade dieses Lied gewünscht, gespielt, gesungen oder gebetet. Aber manchmal waren da auch Menschen, die es nicht hören mochten. Wer mit ihnen behutsam redete, dem öffneten sich verletzte Seelen. Wer weiß schon, welche Dämme brechen, wenn uns die Worte und die Melodie umgeben? Wer ahnt schon, welche Wunden aufbrechen können, wenn dieses Lied an die Türen unseres Seelenhauses klopft, um allzulange versteckten Gefühlen Raum zu geben?

Es hängen viele Erinnerungen mit dem Lied zusammen. Zur Konfirmation wurde es gesungen, im Religionsunterricht und zu Beginn des Schulunterrichts, um den Schultag mit Gesang zu eröffnen. Könnt ihr euch das heute noch an Schulen vorstellen? Zu Trauungen haben es sich viele Paare gewünscht – und bei Beerdigungen erklang es. Das ist so erstaunlich an den drei Strophen, daß sie unsere Hoffnungen ausdrücken am Beginn des gemeinsamen Lebensweges und dann, wenn einer von uns seinen Lebensweg zu Ende gegangen ist. Es will mir scheinen, als könnten wir mit diesem Lied zwei Seelen zusammensingen und eine Seele in den Himmel singen.

Ist es in der Jugendzeit eher die Melodie, die uns gefangen nimmt, so bekommen im Laufe des Lebens die Worte eine immer tiefere Bedeutung. Sie füllen sich langsam mit den eigenen Lebenserfahrungen. Das Lied spendet Trost und verschweigt den Schmerz nicht. Es malt einen Hoffnungsweg und weiß doch auch um die Schwachheit des Herzens. Und es erzählt von Gott wie von einem Menschen, der mich lieb hat. Darin liegt der Reiz des Liedes. Es scheut sich nicht, von Gott auf solche menschliche Weise zu reden, obwohl das Wort Gott in keiner der drei Strophen vorkommt. Unausgesprochen schwingt in diesen Worten mit, daß es Menschen gibt, in deren Nähe wir Geborgenheit erfahren, als seien sie ein Widerschein Gottes in der Welt. Diese offene Art des Redens hat es uns erst möglich gemacht, das Lied bei Trauungen zu singen, dabei unserem Partner die Hand zu reichen und in seinen Augen den Glanz der Liebe zu sehen. Und wir konnten es bei Beerdigungen singen, einen letzten Blick in das offene Grab auf den Sarg werfen, um unter Tränen und manchmal auch versteinert Abschied zu nehmen: So nimm denn meine Hände! Was bliebe uns denn sonst noch, wo unsere Hände hier nur loslassen müssen und leer bleiben, wenn Gott uns nicht seine Hand reichte?

So ist dieses Lied mit euch gezogen von Lebensstation zu Lebensstation wie ein roter Faden, der Freude und Lied verband. Was aber wissen wir eigentlich von diesem Lied?

Unser Gesangbuch gibt uns nur karge Daten an die Hand. Gedichtet wurden die Verse von einer Julie Hausmann im Jahre 1862. Über sie erfahren wir, daß sie Musiklehrerin in St. Petersburg war und 1901 in Wösso in Estland starb. Die Melodie komponierte Philipp Friedrich Silcher. Er lebte von 1789 bis 1860. Seine Lebensaufgabe war die Herausgabe und Bearbeitung von Volksliedern. Von ihm stammt die bekannte Melodie zu Ännchen von Tharau. Silcher ist einer der Begründer des deutschen Laienchorwesens.

So fand unser Lied schließlich seinen Weg in unser Gesangbuch. Ihm ist die Frömmigkeit zu eigen, in der sich viele Menschen zu Hause fühlen. Um so größer war die Enttäuschung, daß es bei der Gesangbuchreform nach dem Zweiten Weltkrieg nicht mehr unter den Liedern zu finden war. Nur noch bei den Gebeten wußte es der Gesangbuchkundige auszumachen. Abgeschoben an den Rand, des Singens im Gottesdienst nicht mehr für würdig erachtet. Was mag wohl in den Köpfen der Gesangbuchmacher vor über vierzig Jahren vor sich gegangen sein, daß sie dieses gern gesungene religiöse Lied herausnahmen?

Vielleicht ist es gerade die Art der Frömmigkeit und Religiosität, die es den gestandenen Theologen und Kirchenmusikern nicht mehr gut genug erscheinen ließ. Und was geschah nach der Entfernung des Liedes aus dem Liederteil des Gesangbuches?

Immer wieder wurde nach ihm gefragt. Immer wieder wurde es gewünscht, weil es im Glaubensleben von Menschen eine wichtige Rolle spielt. Wir brauchen Worte und Melodien, in denen wir uns geborgen fühlen, weil in ihnen mitschwingt, was in unserer Seele lebt. „So nimm denn meine Hände", das ist ein Ausdruck unserer religiösen Eindrücke. Das zeigen die Tränen, die das Lied zu lösen vermag.

So ist es am Ende doch wieder in das Gesangbuch aufgenommen worden, offiziell sozusagen rehabilitiert und wieder für würdig befunden, weil ihr nicht davon lassen wolltet. Gott sei Dank.

Aber an einer kleinen, kaum beachteten Stelle in der dritten Strophe findet ihr ein Wort, das in eurem Gesangbuch noch nicht stand. Ihr bemerkt es kaum, weil ihr die drei Strophen auswendig singt und nicht in den Text schaut. Wenn ihr es tut, bemerkt ihr folgendes. Ihr habt gelernt: „Wenn ich auch gar nichts fühle von deiner Macht!" Jetzt steht dort: „Wenn ich auch gleich nichts fühle von deiner Macht!"

Es ist kein Druckfehler, sondern ganz bewußt verändert worden. Aber weshalb hat man die Worte überhaupt ausgetauscht? Ich habe die Vermutung, daß die Worte der dritten Strophe nicht in das Gottesbild von manchen Menschen passen. Wenn ich auch gar nichts fühle, das war nicht hinnehmbar. Was bleibt denn von Gott übrig, wenn wir gar nichts von ihm spüren, überhaupt nichts? Wird da nicht die Allmacht Gottes geleugnet? Mit dieser kleinen Veränderung verliert die dritte Strophe ihre Härte. „Wenn ich auch gleich nichts fühle" hört sich milder an und freundlicher.

Wir neigen ja in unserer Zeit immer mehr dazu, uns ein Gottesbild zu malen, dem die dunklen Farben fehlen. Sie werden ausgeklammert. Wie weit aber trägt dieser Schön-Wetter-Gott? Was ist, wenn graue Wolken den Farben ihren Glanz nehmen?

Ich will es in Worten sagen, die ich von euch gehört habe. „Das Leben hat mich ganz schön hart rangenommen", sagt ihr und fügt hinzu: „Wenn es einen Gott gäbe, dann dürfte es nicht so viel Leid von Unschuldigen geben!" Dahinter stehen eure Erfahrungen im Krieg, in Gefangenschaft und vor allem im Durchleiden von Krankheiten und der Begegnung mit dem Tode. Am schlimmsten und unverständlichsten war es immer dann, wenn es die Kinder betraf und sie vor euch sterben mußten. Wo ist da die Macht Gottes zu spüren?

Gar nicht, antwortet mancher. Und eine solche Antwort muß man ernst nehmen, darf sie nicht wegbügeln mit dem heißen Eisen theologischer Theorie. Denn in dieser Antwort wohnt gerade nicht Resignation. Eher schon die Einsicht, daß wir die Wege Gottes nicht immer verstehen und seine Gedanken auch nicht. Wir haben dann nichts mehr in den Händen. Buchstäblich gar nichts. Mit leeren Händen stehen wir am Ende da. Aber wir schauen nicht ins Bodenlose, sondern erheben unsere Augen und fügen hinzu: „Du führst uns doch zum Ziele auch durch die Nacht!"

Aus diesen Worten erspüre ich ein abgrundtiefes Vertrauen, das Menschen in der Dunkelheit gegen die Angst setzen, kein Glaubenstrotz, keine kühne Tat der Überwindung, sondern einfach Vertrauen. Gar nichts mehr spüren und fühlen von Gott und dennoch auf ihn setzen, das hört sich an wie ein Gegensatz und ist doch die Wahrheit unseres Lebens, gezeugt in den Dunkelheiten, geboren in der Nacht, groß geworden in den dunklen Tälern und zur Ruhe gekommen auf dem mühseligen, schmalen Lebenspfad. Im Psalm 73 (23–26) ist es wunderschön zu Ende geführt:

> Doch ich bin stets bei dir,
> du hast meine rechte Hand gefaßt.
> Nach deinem Rat führst du mich
> und nimmst mich hernach in Herrlichkeit auf.
> Wen hätte ich im Himmel? Und neben dir begehre ich
> nichts auf Erden.
> Mag auch schwinden mein Leib und Herz,
> mein Fels und Teil ist Gott.

Deshalb singt euer Lied, wie ihr es gelernt habt. Es ist nämlich wichtig, daß ein Mensch seine Worte für seinen Glauben findet und vor Gott bringt im Sprechen, im Gesang und im Gebet.

Gebet

Ich hebe meine Hände auf zu dir, mein Gott.
Hart geworden sind sie von der Arbeit eines langen
Lebens.
Sie haben empfangen und gegeben.
Sie öffneten sich zu zartem Streicheln,
ballten sich zu drohenden Fäusten.
Als meine Hände klein waren, suchten sie nach der
Eltern Hand.
Später dann fanden zwei Hände zu gemeinsamem Leben.
Und manchmal in der Nacht war ich froh, meine Hand
ausstrecken zu können,
um in der stillen Berührung wieder Ruhe zu finden.
Nun haben meine Hände gelernt loszulassen.
Manchmal noch war ein wehmütiges Winken möglich,
dann fielen die Hände, müde und matt geworden.
Wenn ich nun auf sie schaue,
sehe ich in der faltig gewordenen Haut
die langen Jahre meines Lebens.
Wenn ich sie nun dir entgegenstrecke,
so nimm du meine leeren Hände
und fülle sie mit deiner Güte,
damit ich Halt habe an dir, mein Gott,
im Leben und im Sterben.

Zur Diamantenen Konfirmation: „Stern, auf den ich schaue" (EG 407)

„Herr Pfarrer", bittet die ältere Frau im Krankenbett, „beten Sie mit mir ‚Stern, auf den ich schaue'." Zwei Jahrzehnte ist das nun her. Aber wenn ich die Augen schließe, sehe ich sie vor mir. Ihr Körper ist aufgezehrt von langer Krankheit, ihre Hände sind zittrig geworden. Dennoch bekommen ihre müden Augen etwas Glanz, als sie die Bitte ausspricht. Es ist so, als scheine aus einer anderen Welt ein Strahlen in sie und durch sie. Ihre Hände falten sich erwartungsvoll. Wer vermag in diesem Augenblick schon zu ermessen, was in ihr vor sich geht. Was bedeuten gerade diese Worte einem Menschen, der den Tod sich nahen spürt?

Ich kenne dieses Gebet nicht. Einen Augenblick bin ich erschrocken und verwirrt. Soll ich ihr ein anderes Gebet vorschlagen? Dann gestehe ich ihr meine Unkenntnis. „Ach", sagt sie, „das macht doch nichts. Es ist nur schade, daß es nicht einmal mehr in unserem Gesangbuch steht. Aber es genügt, wenn sie meine Hände halten. Dann bete ich es." Und dann hat sie gebetet: Stern, auf den ich schaue – alle drei Strophen.

Als sie das Gebet beendet hatte, standen in ihren Augen Tränen – und in meinen auch. Irgendetwas hatten diese Worte in ihr gelöst und in mir ausgelöst. „Wenn Sie mich beerdigen", hat sie beim Abschied hinzugefügt, „dann singen Sie bitte dieses Lied!" Ich wußte damals auch nicht, daß es für dieses Gedicht eine Melodie gibt. In einem alten Liederbuch habe ich sie dann gefunden. Wie oft haben wir in den vergangenen Jahren zu verschiedenen Anlässen das Lied gesungen. Auch heute zu eurer Diamantenen Konfirmation werden wir es miteinander singen. Und ich bin froh, daß es in unser neues Gesangbuch aufgenommen worden ist.

Ich vermute einmal, daß es vor über vier Jahrzehnten bei der Gesangbuchreform ein einziger Satz war, der die Aufnahme des Liedes verhinderte: Führer, dem ich traue! Es war erst wenige Jahre nach dem Ende des Zweiten Weltkrieges. Viele in unserem Land waren dem Führer gefolgt, manche blind, manche voller Erwartung, manche zögernd. Es war längst zu spät, als die Erkenntnis wuchs, daß der Führer ein Verführer war. Das sich einzugestehen, ist selbst fast fünfzig Jahre später immer noch schwer. Nur manchmal unter vier Augen erzählen Männer und Frauen euren Alters ganz offen von diesen dunklen Jahren. „Mir haben sie die ganze Jugend geraubt, und ich war damals voller Begeisterung, als es in den Krieg ging", sagte ein Mann, der mit vierundzwanzig in den Krieg zog. Als er mit dreißig nach Hause kam, war er zum Krüppel zusammengeschossen – das sind seine eigenen Worte. Dann hat er geheiratet. Seine Frau hat ihn die ganzen Jahre betreut, und ihr Einsatz ist in den letzten Jahren immer größer geworden. „Wenn ich meine Frau nicht gehabt hätte, läge ich längst auf dem Friedhof", sagt er, zeichnet mit der Hand den Strick um den Hals nach und weint dabei. Der Krieg und all seine Verletzungen haben ihn nicht nur gezeichnet, sie haben ihn weich und empfindsam gemacht.

So hat jeder von euch seine Lebensgeschichte. „Wenn ich alles aufschriebe, was ich so erlebte, dann gäbe das ein ganz dickes Buch", sagt mancher von euch. Schade dabei ist, daß mit jedem, der von eurer Generation stirbt, ein solch ungeschriebenes Buch unwiederbringlich verloren geht. Und die, denen ihr eure Lebensgeschichten erzählen könntet, werden immer weniger oder wollen sie gar nicht hören.

Eines aber wird deutlich. Je älter wir Menschen werden, desto mehr kommt die Erinnerung zurück an diese Zeit des Leides und des Leidens. „In den letzten Jahren träume ich immer mehr vom Krieg. Ich höre die berstenden Granaten und die Schreie sterbender Soldaten, die nach ihren Müttern rufen. Dann wache ich jedes Mal auf, und dann ist an Schlaf nicht mehr zu denken", erzählt ein ehemaliger Soldat, der an vielen Fronten kämpfte und dann vier Jahre in russischer Kriegsgefangenschaft war. Wie viele euren Alters teilen diese Erfahrung!

Es ist verständlich, daß wir das Wort Führer kaum noch sprechen können, ohne die Greuel des 3. Reiches vor Augen zu haben. Immer wieder wird uns deutlich, daß wir Menschen verführbar sind und uns zu Taten hinreißen lassen, vor denen wir hinterher nur noch erschrocken und stumm dastehen, wenn wir uns nicht hinter Ausflüchten verstecken. Aber selbst dann geht unsere Seele ihre eigenen Wege.

Führer, dem ich traue, das war in eurer Jugendzeit selbst in den Gebeten im sonntäglichen Gottesdienst zu hören. Pfarrer haben es voller Inbrunst gebetet und die Gemeinde mit ihnen, und sie dachten dabei oft genug erst in zweiter Linie an Gott. Sich offen mit dieser Zeit auseinanderzusetzen, hat die Kirche eigentlich nicht geschafft, ebenso wie mit ihren Verstrickungen in die Machenschaften der Stasi in der ehemaligen DDR.

So ist es kein Wunder, daß damals das Lied keinen Eingang in das Gesangbuch fand. Es brauchte diesen zeitlichen Abstand, um es wieder in unser neues Gesangbuch aufzunehmen. Es ist 1857 von Adolf Krummacher gedichtet worden. Er war Domprediger in Halberstadt und dann Oberpfarrer in Barby an der Elbe. In drei Strophen zeichnet er das Bild eines Menschen, der voller Vertrauen ist. Sie münden jeweils in das Bekenntnis: Alles, Herr, bist du. Ein Blick auf die Strophen zeigt uns, daß sie voller Bilder sind.

Der Blick zu den Sternen läßt uns an den Stern von Bethlehem denken. Aus dem Wort Fels hören wir die Verheißung an den Jünger Simon. Er sei der Fels – nichts anderes bedeutet der Name Petrus. Und Gott als Führer, wem fiele da nicht die Wanderung der Israeliten durch die Wüste ein, vierzig Jahre lang, so lange dauerte es auch bis zur Wiedervereinigung unseres Landes. Gott ist der Stab, von dem der Psalm 23 erzählt. Er ist Lebensbrot und Lebensquelle. Wasser und Brot – Abendmahl und Taufe, die Elemente unseres Lebens. Wir kamen von ihm, er ist unser Ziel. Und damit hat sich unser Lebenskreis geschlossen. Alles, Herr, bist du. Da wird nichts ausgenommen. Unser Leben ist von Gott umgeben. Biblische Geschichten liefern die Sinnbilder, um die Nähe Gottes zu veranschaulichen und begreifbar zu machen.

Alles, Herr, bist du. Deshalb gehören auch alle unsere Fragen in dein Ohr. Deshalb bringen wir unsere Kraftlosigkeit und Müdigkeit vor dich. Vor dir schütten wir unser Herz aus. Was zu beklagen ist, vor dir führen wir unsere Klage. Unsere Lebenslast werfen wir dir vor mit all unserer Schuld. Vor dir öffnen wir unsere zerrissenen Herzen und unser zerschlagenes Gemüt. Und du, o Herr, wirst uns nahe sein und uns tragen helfen und uns heil machen. Was wir für diese Zuversicht in den Händen haben? Nichts, rein gar nichts. Der 1. Timotheusbrief (1. Tim 6,7) umschreibt das so: „Denn wir haben nichts in die Welt gebracht, darum werden wir auch nichts hinausbringen." Und wenn der Volksmund sagt, das letzte Hemd habe keine Taschen, dann drückt er genau das gleiche aus. Wenn wir vor Gott treten, dann stehen wir buchstäblich nackt vor ihm, als wären wir wieder im Paradies. Wir nehmen nichts mit. Wir haben aber auch nichts zum Verkleiden und keine Möglichkeit, etwas zu verstecken. Das ist eines der Geheimnisse unseres Lebens. Es findet sich am schönsten im 1. Samuelbuch (1. Sam 16,7): Der Mensch sieht, was vor Augen ist. Der Herr aber sieht das Herz an.

Und da wird nun auch der Grund unserer Verführbarkeit angesprochen. Weil wir nur sehen, was wir sehen wollen, wird uns genau das vorgegaukelt. Weil wir nur hören, was wir hören wollen, bekommen wir genau das zu hören. Das macht Politik noch heute aus. Daher sind auch wichtige Veränderungen nicht mehr durchführbar, weil sie weh täten. Und deshalb tut man nur denen weh, die kaum eine Lobby haben, wie man das heute nennt, keine Fürsprecher mehr. Nur manchmal, wenn ein Mensch uns tief in die Augen schaut, dann kommen wir uns nackt vor, weil wir glauben, er könne unsere Gedanken lesen.

Es macht Angst, vor Gott so nackt dazustehen. Gegen diese Angst setzen wir Glaube, Hoffnung und Liebe. So mancher von euch hat sich diese Worte aus dem 1. Korintherbrief (1. Kor 13, 13) als Hochzeitsspruch ausgesucht. Und im Alter erschließt sich, was damals nur Ahnung war: der Grund unseres Glaubens ist Gott. In der Tiefe unserer Hoffnung wohnt Gott. Auf dem Weg der Liebe begegnen wir Gott. Deshalb haben die Worte, „nichts hab ich zu bringen, alles, Herr, bist du" eine gewisse Fröhlichkeit. Ich habe nichts zu bringen, ich brauche es auch nicht, weil du, Herr, alles in allem bist.

Wer das tief in seinem Herzen fühlt und in seine Gedankenwelt aufnimmt, dem vergeht die lähmende Angst, wir müßten alles machen und schaffen es am Ende doch nicht. Es ist eines der größten Geschenke Gottes, sich seiner leeren Hände nicht zu schämen. Gott wird sie füllen mit seiner Zärtlichkeit und Zuneigung. „Drum so will ich wallen / meinen Pfad dahin, / bis die Glocken schallen / und daheim ich bin!" Das ist die letzte Gewißheit für uns Menschen mit den leeren Händen und den vollen Herzen, daß wir nach Hause kommen. Welch ein tröstender Gedanke, bei Gott seine Heimat zu haben!

Manchmal hören wir Jüngeren aus dem Mund der Altgewordenen, sie möchten gerne heim, und verstehen es kaum. Da war eine Oma – müde geworden vom Leben. Trotz der Geborgenheit im Hause ihrer Tochter stand sie oft am Fenster und sagte: „Ich will heim!" „Aber Mutter", hat da eines Tages die Tochter geantwortet, „du bist doch hier zu Hause. Du hast dein Zimmer, dein Bett, du bist nicht alleine!" Das hat die Mutter sich angehört, dann sanft mit dem Kopf geschüttelt, mit dem Zeigefinger zum Himmel gezeigt und leise gesagt: „Ich will heim!" Und war da nicht auch ein Stück Wehmut in ihrer Stimme?

So schließt sich der Kreis des Liedes, aus dem Vertrauen und Zuversicht zu hören ist. „Fröhlich zieh ich meine Straße hier durch dieses Pilgerland. Meinen Gott ich nimmer lasse, denn er führt mich an der Hand", so sangt ihr früher in einem anderen Lied. Ich wünsche euch etwas von diesem Zutrauen. Wenn wir eines Tages vor unseren Gott treten, dann kommen wir und bringen nichts als uns selbst. Dann wird aller Schmerz ein Ende haben, und alle Lebenslast wird aufgehoben. Unsere Sehnsucht wird gestillt, weil wir zu Hause sind und staunend erkennen, was eigentlich die Worte bedeuten, die wir heute singen: „Nichts hab ich zu bringen, alles Herr, bis du."

Gebet

Wir danken dir, du guter Gott, für deine Führung von Jugend an. Jetzt, wo wir alt geworden sind, erkennen wir den roten Faden in unserem Leben. Vieles fügt sich zusammen und bekommt seinen Sinn. Und das, was wir noch nicht verstehen, wollen wir durch unsere Tage tragen bis zu dir. Du hast uns Wege geführt, die wir uns nie ausgesucht hätten. Wohin wir nicht wollten, hast du uns gebracht. Manch steiniger Weg war dabei, manche Dunkelheit umgab uns. In verzweifelten Stunden fühlten wir uns allein. Jetzt nach all den vielen Wegen und Irrwegen beginnt sich unser Lebenskreis zu schließen. Wir ahnen das Geschenk unseres Lebens, sind heimisch geworden in den Freuden und Traurigkeiten und wissen um den Schmerz des Abschieds. Deshalb freuen wir uns über diesen besonderen Tag der Diamantenen Konfirmation und ziehen mit ein bißchen Wehmut weiter, bis unsere Tage in der himmlischen Heimat zum Ziel kommen.

VI. Predigten
zur Silbernen Konfirmation

1. Mose 2,4b–15

Manchmal ruft Gott seine Menschen zurück – zurück zu den Anfängen ihres Lebens.

Es war zu der Zeit, als Gott Himmel und Erde machte. Es gab noch keine Sträucher auf der Erde, keine Bäume, keine Blumen und keine Gräser. Denn Gott hatte es noch nicht regnen lassen auf der Erde. Und vor allem: Es gab keinen Menschen, der das Land hätte pflegen können.

Und doch war da etwas, das Leben ahnen ließ. Ein Nebel stieg von der Erde auf und befruchtete den Boden. Im Nebel liegt also der Anfang des Lebens. Und wenn ich zurückdenke an die Zeit, bevor ich geboren wurde, dann entdecke ich mich wieder in der alten Geschichte vom Anfang der Erde. Es gab mich wohl bei Gott. Denn er hatte alle unsere Namen in sein Buch geschrieben. Aber noch waren sie wie vom Nebel umhüllt. Noch war alles ganz undurchsichtig. Wie würde es aussehen, mein Leben, das schon angelegt war bei Gott? Eines Tages löste sich der Nebel auf.

Gott formte den Menschen heraus aus der Erde. Er beugte sich über ihn und blies ihm den Atem des Lebens in die Nase. So wurde der Mensch ein lebendiges Wesen. So wurde ich ein lebendiges Wesen, damals als ich noch nicht geboren war. Noch war alles ganz undurchsichtig um mich herum, und ich hörte nichts anderes als das Herz der Mutter schlagen.

Damals wußte ich: Ich bin getragen.

Manchmal ruft Gott seine Menschen zurück – zurück zu den Anfängen ihres Lebens. Er erinnert sie an die alte Geschichte vom Anfang und an das Gefühl, getragen zu sein. Mitunter geschieht das im Traum. Denn in den Träumen erzählt uns die Seele von unserem Leben. Von dem, was uns umtreibt und wegtreibt von uns selbst und von Gott. Da sind die Stimmen derer, die mich noch einmal formen, umformen wollen, damit ich so werde, wie sie mich haben wollen. Aber da ist dann auch die andere Stimme in der Seele, die mich erinnert an den Anfang: An das Gefühl, getragen zu sein. Und daran, daß ich ja längst geformt bin von Gott. So hat er mich gewollt, mit jedem Atemzug und mit jedem Schritt, den ich weitergehe in der Geschichte meines Lebens.

Als sich die Nebel aufgelöst hatten und der Mensch erwachsen war, da setzte Gott ihn in den Garten des Lebens. Dort waren nun Bäume und Sträucher, die köstliche Früchte trugen. Die Pflanzen waren gut versorgt, weil vier Flüsse den Garten umgaben.

Ausgebreitet lag das Leben vor dem Menschen. Behüten, bewahren, gestalten sollte er es. Und er sollte es auch genießen, denn Gott sorgte für ihn. Am Menschen lag es nun, ob er den Weg durch den Garten des Lebens mit Gott gehen wollte.

So war der Anfang.

Ich entdecke mich wieder in dieser alten Geschichte vom Anfang. Als ich herausgewachsen war aus den Kinderschuhen, aus der Schule und dem Elternhaus, da lag mein Leben ausgebreitet vor mir. Behüten, bewahren, gestalten und genießen sollte ich es. Gott sorgte für mich. Ich aber mußte entscheiden, mit Gott oder ohne Gott zu gehen.

Inzwischen liegen viele Schritte hinter mir auf dem Weg durch den Garten, in den Gott mich hineingesetzt hat. Leichte, beschwingte Schritte und schwere Schritte. Sie haben mich geprägt und meinem Leben Richtung gegeben.

Wenn sie heute als Silberne Konfirmanden zurückblicken, dann werden sie sich gegenseitig davon erzählen. Jedenfalls die einen. Die anderen möchten vielleicht lieber schweigen über die Schritte im Garten ihres Lebens und sie für sich allein bedenken in der Ruhe dieses Gottesdienstes. Woher komme ich? Was möchte ich bewahren aus dem Leben, das ich bisher geführt habe? Und wie möchte ich jetzt weitergehen?

Aus beidem, aus dem lauten und dem stillen Bedenken, wächst neue Kraft. Beides führt mich zurück, zurück zu den

Anfängen meines Lebens. Und dann geht es mir wie einem Menschen, der seinen Traum erzählte.

Ihm träumte, er wandere mit Gott. Am Himmel über ihnen leuchteten Situationen auf aus seinem Leben. Und bei jeder Begebenheit sah er zwei Paar Fußabdrücke im Sand. Eines gehörte ihm, das andere gehörte Gott. Als die letzte Situation vor ihm erschien, schaute er zurück und bemerkte, daß sehr oft auf dem Weg nur ein Paar Fußabdrücke im Sand zu sehen war. Er bemerkte auch, daß das immer an den Stellen war, an denen sein Leben die tiefsten und traurigsten Punkte erreicht hatte. Das bedrückte ihn und er fragte Gott: „Herr, du sagtest mir einmal, daß du mich nie verlassen und immer mit mir gehen würdest. Aber ausgerechnet da, wo mein Leben am schwierigsten war, fehlen deine Fußabdrücke. Ich kann das nicht verstehen!"

Gott aber antwortete: „Mein liebes Menschenkind. Ich mag dich so sehr, daß ich dich nie verlassen werde. Immer wenn es dir am schlechtesten ging, wenn du auf Proben gestellt wurdest und gelitten hast, dort, wo du nur ein Paar Fußabdrücke siehst, da habe ich dich getragen!"

Manchmal ruft Gott seine Menschen zurück, zurück zu den Anfängen ihres Lebens. Er führt ihnen die Geschichte des Lebens vor Augen und erinnert sie an das Gefühl, getragen zu sein. Denn Gott weiß: Mit diesem Gefühl können die Menschen weitergehen durch den Garten des Lebens. Die Entscheidung aber, ob mit Gott oder ohne Gott, die liegt bei den Menschen.

Gottes Angebot besteht. Er hört nicht auf zu sorgen.

1. Mose 12,1–3

Fünfundzwanzig und mehr Jahre ist es her, daß Sie so wie heute in die Kirche einzogen, aufgeregt, voller Spannung, erwartend, was Sie da erleben würden. Der Gottesdienst – die Einsegnung – Momente des Lebens, die sich einprägen. Die meisten werden sich daran erinnern, wie es damals war. Vielleicht wissen Sie noch ungewöhnliche Kleinigkeiten. Der Festgottesdienst – das Abendmahl. Dann wurde das Photo gemacht, und ich habe mir sagen lassen, es soll heute auch wieder genau so ein Photo gemacht werden.

Dann kam die Konfirmationsfeier.

Die war verbunden mit der ersten Alkoholerfahrung. Wie so vieles das erste Mal da war: Seidenstrümpfe und Dauerwelle, Anzug und Schlips, die Reihe ließe sich sicher fortsetzen.

Vieles war damals das erste Mal, weil man sich auf einen neuen Weg machte. Die Kindheit, das Schulalter war vorbei. Man kam aus der Schule. Man war plötzlich groß, begann seinen Weg in die Welt, ins eigene erwachsene Leben. Da begann dann die schulische Weiterbildung oder die Lehre. Man erlebte die bewegte und bunte Zeit der Jugend. Dann wurde vielleicht eine Familie gegründet, eine eigene Existenz aufgebaut durch den Beruf, manchmal sogar ein eigener Betrieb. Ein Haus wurde gebaut.

Es sind wenige Worte, die diese lebendige, lange und vielfältige Zeit Ihres Lebensweges beschreiben. Es klingt nüchtern und sachlich, wenn man versucht, diese 25 Jahre Lebensweg allgemein zu formulieren. Ich denke aber, Sie können diese Zeit mit Ihren Erinnerungen, Erlebnissen und Erfahrungen füllen, bis sie überquillt. Sie werden vielleicht heute feststellen, daß ein Abend gar nicht genügt, um sich all das zu erzählen, was man in 25 Jahren erlebte.

Wir wollen die Zeit nutzen. Wir wollen heute hier in diesem Gottesdienst kurz anhalten auf dem Lebensweg. Wir wollen uns Zeit nehmen, uns umzuschauen, zurückzublicken und auch vorwärts zu sehen. Vielleicht kann dabei auch einmal wieder Grundsätzliches bedacht werden. Wie ist das mit meinem Leben? Was ist eigentlich daraus geworden? Was war mit meinen Träumen damals? Habe ich sie verwirklicht oder habe ich sie fallenlassen? Was hat das Leben mir gebracht? Konnte ich dem standhalten? Was ist aus mir geworden? Wie habe ich mich verändert? Wo bin ich noch ich selbst, ist mir ein Stück meiner Jugend geblieben, entdecke ich sie schon in meinen Kindern? Habe ich mich auf das Alt-Sein eingerichtet? Hat mich das Leben geschlagen? Oder hat es mich eher gestreichelt?

Was ist mir dem Segen, den ich damals zur Konfirmation mitbekommen habe? Habe ich ihn gespürt? Oder ist er zur Farce geworden, vergessen, unwirksam?

„Ich will dich segnen und du sollst ein Segen sein." Das versprach Gott einmal vor sehr langer Zeit dem Abraham. Er stand damals vor einem entscheidenden Weg in seinem Leben. Aus seinem Land sollte er aufbrechen und in ein Land gehen, das Gott ihm zeigen wollte. Abraham stand im Aufbruch zu Neuem, Unbekanntem. Da verspricht Gott seinen Segen.

So bekamen Sie damals zur Konfirmation Gottes Segen mit auf Ihren Weg in das Erwachsenwerden. Konfirmation – Schulentlassung – der Aufbruch ins Leben. Da verspricht Gott seinen Segen.

Dieser Segen ist so wie Gott selbst.

Er umgibt uns, seine Zärtlichkeit streichelt uns, tut uns gut, er ist wie ein Schutzschild, der uns beschirmt. Was ist mit diesem Segen gewesen in den Jahren unseres Lebens?

Haben wir ihn gespürt? Haben wir Erfolg gehabt, Karriere gemacht, eine ordentliche Familie gegründet, anständige Kinder erzogen, es zu etwas gebracht?

Hat er uns verlassen? Kamen doch Unglück und Krankheit, kaputte Beziehungen, Verluste von Freunden, Familie! Wie ist das mit Gottes Segen? Ist er nah, wenn es uns gut geht, ist er fern in schweren Zeiten? Steht Erfolg für Segen und Unglück, für Segenslosigkeit?

Gottes Segen, einmal zugesprochen, verläßt uns nicht. Unser Befinden hängt nicht von Gottes Segen ab. Einmal zugesprochen, bleibt Gottes Segen in unserem Leben, umgibt uns wie seine Zärtlichkeit, schützt uns, beschirmt uns.

Gottes Segen ist nicht nur nah, wenn es uns gut geht, und fern, wenn es uns schlecht geht. Er ist immer da. Er schenkt uns Besonnenheit und Weisheit in aller Freude und allem Erfolg. Er gibt uns Mut und Stärke in allem Schweren und allem Unglück.

Gottes Segen, Ihnen zugesagt am Tag Ihrer Konfirmation, hat auch Sie in all den Jahren nicht verlassen. Er war mit Ihnen in Freude und Leid, hat Sie umgeben, Sie begleitet über alle Höhen und durch alle Tiefen. Auch heute bekommen Sie einen Segen mit auf Ihren Weg. Eine Zusage der Nähe Gottes, der Sie nicht verlassen wird. Vielleicht macht dieser Segen Ihnen dann auch Mut, ein Segen zu sein. Wie der Spruch es sagt:

„Ich will dich segnen und du sollst ein Segen sein."

Weiß ich mich von Gottes Nähe umgeben, kann ich auch anderen nah sein. Weiß ich mich von Gott behütet, habe ich auch Freude daran, Gottes Schöpfung zu behüten, zu achten, mit alldem, was in ihr lebt und leben will. Weiß ich mich von Gott geborgen, gebe ich gerne diese Geborgenheit weiter an all die Menschen, die fremd sind und Fürsprecher brauchen.

„Ich will dich segnen und du sollst ein Segen sein."

Das ist eine ungebrochene Zusage Gottes an uns und gleichzeitig auch ein Auftrag. Möge der Zuspruch uns erreichen, sein Auftrag uns gelingen in den kommenden Jahren unseres Lebens.

Mit einem irischen Segen möchte ich meine Predigt schließen.

(Aus: Hermann Multhaupt: Möge der Wind immer in deinem Rücken sein, Aachen)

1. Mose 12,1–4

Liebe Silberne Konfirmandinnen und Konfirmanden,
liebe Gemeinde,

ich weiß nicht, was Sie empfinden, wenn Sie nach 25 Jahren oder mehr wieder zusammensitzen – hier in den vorderen Kirchenbänken – wie damals in der Konfirmandenzeit und bei Ihrer Konfirmation. Aber ich kann mir vorstellen, daß da in Gedanken eine Brücke geschlagen wird, die das Heute mit dem Damals verbindet. Da wird ein Stück Ihrer Jugend wieder lebendig. Und es kommt die Erinnerung an den Konfirmandenunterricht drüben im Pfarrhaus, an die Prüfung vor der ganzen Gemeinde und an die Konfirmation. Vier Gruppen aus nur drei Jahrgängen sind es gewesen wegen der Kurzschuljahre damals. Und in den Kirchenbüchern ist zu lesen: Es gab bei der Prüfung noch Noten. Die hielten schwarz auf weiß fest, wie gut oder weniger gut Sie sich in den Lehrstücken des christlichen Glaubens auskannten. Für die Jugendlichen der heutigen Konfirmandenjahrgänge ist das kaum noch vorstellbar. Aber durchgefallen ist auch damals keiner. Und Sie wurden alle eingesegnet.

Wenn wir uns heute an Ihre Konfirmation erinnern, dann heißt das aber auch, auf die Jahre zu schauen, die dazwischen liegen. Und die damals und heute miteinander verbinden. Denn es sind die entscheidenden Jahre Ihres bisherigen Lebens gewesen. Aus den Teenies von damals sind Erwachsene um die Vierzig geworden. Menschen, die längst ihr eigenes Leben führen. Und vielleicht haben Sie jetzt die Stationen und Abschnitte Ihres Lebens vor Augen, die Sie bis in Ihr heutiges Lebensumfeld hineingeführt haben: den Schulabschluß und den Beruf etwa, Freundschaften – und für viele die Heirat und die Familie. Da sind Dinge, über die Sie sich freuen können. Aber gewiß sind da auch Dinge, an denen Sie zu tragen haben. All das hat Sie geprägt. Und deshalb sind es wichtige und bedeutsame Jahre, auf die Sie heute zurücksehen.

Am Tag der Silbernen Konfirmation fragen wir darum auch danach, wie es Ihnen in diesen Jahren mit Ihrem Glauben ergangen ist. Hat er Ihnen Halt und Hoffnung gegeben? Ihre Konfirmandenzeit war ja gedacht als Vorbereitung auf das Leben. Und unter Auflegung der Hände haben Ihre Konfirmatoren Ihnen den Segen Gottes für Ihr Leben gewünscht: „Gott Vater, Sohn und Heiliger Geist gebe euch seine Gnade, Schutz und Schirm vor allem Argen, Stärke und Hilfe zu allem Guten." Worte der Hoffnung für den bevorstehenden Weg. Einige von Ihnen haben erst in diesem Frühjahr miterlebt, wie Ihren Kindern diese Segensworte zugesprochen worden sind.

Von einer Frau unter Ihnen weiß ich: Ihr Glaube und das Gefühl, zu Gott zu gehören, sind ganz eng verbunden mit dieser Kirche, die ihr seit ihrer Jugend vertraut ist. Und das, obwohl sich unsere Kirche ja seitdem sehr verändert hat: Die alte umlaufende Empore gibt es nicht mehr. Die Orgel hat hinten ihren Platz gefunden. Und auf den jetzigen Bänken kann man sicherlich viel bequemer sitzen als auf den alten. Aber vielleicht wird unsere Kirche auch gerade dadurch zu einem Abbild der Entwicklung und der Veränderung, die Sie und wir alle selbst durchmachen. Und sie wird zu einem Zeichen für den Weg, den Sie seit Ihrer Konfirmation zurückgelegt haben. Darum will ich jetzt auch nicht länger von unserer Kirche als Gebäude reden. Sondern ich will von Menschen reden, wenn es um uns und unseren Glauben geht. Und ich lade Sie ein, mit mir zusammen auf einen besonderen Menschen aus der Bibel zu sehen. Auch er ist seinen Weg gegangen. Und ich komme gern auf ihn zu sprechen, wenn es darum geht: Was bedeutet es denn eigentlich zu glauben?

Der Mensch, den ich meine, heißt Abraham. Und da, wo uns die Bibel das erste Mal von ihm erzählt – in 1. Mose 12 –, hören wir folgendes über ihn:

(Verlesen von 1. Mose 12,1–4)

Abraham bekommt Klarheit über sein Leben. Er bekommt sie zwar erst in einem Alter, in dem man sich normalerweise schon zur Ruhe gesetzt hat, wenn wir den biblischen Altersangaben glauben dürfen. Aber er wird doch zum Urbild dessen, der im Vertrauen auf Gott aufbricht, um seinen eigenen Weg zu gehen. So, wie Gott ihn führt. Ja, an ihm erkennen wir den

Weg unseres eigenen Lebens wieder: Erwachsen werden, das Elternhaus verlassen und die vertraute Geborgenheit der Kindheit preisgeben – kurzum: lernen, auf den eigenen Füßen zu stehen. Mehr oder weniger intensiv haben wir das doch alle erlebt. Manche ganz unmittelbar, indem sie nach Schule und Lehre oder Studium den Ort ihrer Kindheit verlassen haben, um anderswo neues Land, einen neuen Lebensraum zu finden. Für andere trifft das im übertragenen Sinne zu: Obwohl sie an dem vertrauten Ort, vielleicht sogar im eigenen Elternhaus geblieben sind, sind sie in das Leben einer anderen Generation hineingewachsen.

Wir spüren, was es bedeutet, dieses neue Land zu finden, wie es die Bibel nennt. Wo wir Raum finden zum Leben und Menschen, die uns Geborgenheit geben, können wir nachempfinden, wie sich die Verheißung des Segens erfüllt, die wir damals mit auf den Weg bekommen haben. Abraham findet seinen Lebensraum im verheißenen Land. Sein Lebensweg zeigt uns jedoch auch, daß gesegnet sein nicht heißt, von allen Problemen des Lebens verschont zu bleiben. Sein Weg in das verheißene Land ist keineswegs frei von Konflikten: Da ist die Geschichte von Abraham und Lot. Es braucht die Trennung von seinem Neffen, um weiterem Streit um das Weideland aus dem Weg zu gehen. Und da ist die Episode mit Abimelech. Abraham muß entschlossen mit diesem kanaanäischen Stadtkönig verhandeln, um sich das Recht auf die Nutzung eines Brunnen vertraglich zu sichern.

Weideland und Wasser – sie sind gleichsam ein Sinnbild für die elementaren Grundlagen des Lebens. Und die fallen einem nicht einfach zu, sondern sie müssen immer wieder neu erschlossen werden. Abrahams Handeln bewegt sich dabei zwischen Verzichten um des Friedens willen und entschiedenem Eintreten für die eigene Sache. Immer jedoch mit der Bereitschaft zu einem Miteinander, das auf gegenseitige Achtung ausgerichtet ist. Ob dieses Miteinander gelingt oder nicht, daran entscheiden sich letztlich Segen und Fluch.

Das tragende Moment bei diesem Lebensweg Abrahams aber ist sein Glaube, sein Vertrauen auf die Segensverheißung Gottes. Abraham schaut nicht zurück und fragt, was er verlieren könnte. Nein, er geht einfach. „Da zog Abraham aus, wie der Herr zu ihm gesagt hatte." So hören wir. Er geht los – offen für die Zukunft in dem Land, das Gott ihm zeigen will. Oder mit anderen Worten ausgedrückt: Er sagt ja zu seinem Leben, das in Bewegung ist auf ein Ziel hin. Und das sich immer wieder neu aus Gottes Hand empfängt. In dieser vertrauenden Offenheit des Glaubens macht Gott Abraham zum Ahn- und Glaubensvater seines Volkes, dessen Name groß ist und durch den alle Geschlechter auf Erden gesegnet werden.

Wie Abraham sind auch Sie, sind wir alle auf dem Weg. Wir sind auf dem Weg unseres Lebens. Mit der Verheißung des Segens Gottes, der uns bei unserer Konfirmation mitgegeben worden ist. Zugesagt unter dem schönen Zeichen der aufgelegten Hände. Der Lebensweg Abrahams mag uns helfen, daß wir uns heute daran erinnern. Und daß unser Glaube und unser Vertrauen auf Gott neu gefestigt werden. Auch im Blick auf die Fragen, die vielleicht kommen, wenn wir nach vorne schauen: Wir sind jetzt um die Vierzig. Mitten im Leben. Was dürfen wir erwarten für die nächsten 10, 20 oder 30 Jahre?

Es ist dieser Segen Gottes, auf den wir hoffen dürfen. Er wird uns zuteil, wo wir offen bleiben für den Weg, den Gott uns führen will, und für das Land, für die Lebensräume, die er uns zeigen will. Und er wird uns zuteil, wo wir das Miteinander der Menschen suchen, die Gemeinschaft derer, die miteinander leben und aneinander Anteil nehmen – nicht zuletzt weil wir Glieder der Kirche, der Gemeinde Jesu Christi, sind. Da werden wir erleben, wie wir uns selber gegenseitig zu einem Segen werden und wie sich das Verheißungswort Gottes an Abrahams auch an uns erfüllt: Ich will dich segnen, und du sollst ein Segen sein.

Denn wir sind Abrahams Kinder im Glauben. Darauf vertrauen, das mitnehmen auf den Weg – und wir sind mittendrin in der Feier Ihrer Silbernen Konfirmation.

1. Mose 28,10–15:
Jakob sieht die Himmelsleiter

Liebe Silberne Konfirmandinnen und Konfirmanden!

Fünfundzwanzig und mehr Jahre sind es her, daß sie hier saßen und Ihr großes Fest der Konfirmation feierten. Konfirmation – Schulentlassung – der Schritt ins Erwachsenwerden.

Sicherlich war das ein besonderer Zeitpunkt in Ihrem Leben, vielleicht sogar ein wichtiger. Man kam aus der Schule, begann eine Lehre. In jedem Fall war dieser Zeitpunkt so wichtig und die Feier so festlich, daß man sich mit schwarzen Kleidern, Kostümen und Anzügen bekleidete, und auch Schlips oder Fliege durften nicht fehlen.

Heute habe ich für Sie eine Geschichte aus der Bibel ausgesucht, in der auch ein Mensch an einem wichtigen Punkt seines Lebens angekommen war. Vielleicht war es für ihn ein nicht ganz so wichtiger Zeitpunkt wie die Konfirmation, vielleicht war es mehr so ein Punkt wie heute die Silberne Konfirmation, ein Ort, eine Zeit, in der man mit alten Freunden und Bekannten über Erinnerungen reden und neue Pläne schmieden kann.

Die Hauptperson dieser Geschichte ist Jakob. Sie erinnern sich vielleicht an diese Geschichte. Das ist der, der seinen Bruder Esau um den Segen betrogen hat. Zusammen mit seiner Mutter schmiedete er den Plan. Er würde zu seinem blinden Vater gehen, angezogen mit einem Fell, damit er seinem Bruder äußerlich ähnelte. Er würde ihm ein Essen bringen, und dann würde der Vater ihn segnen.

Der Plan gelang. Jakob bekam den Segen des Vaters. Esau schwor damals, er würde seinen Bruder umbringen, und so mußte Jakob fliehen.

Er, Jakob, hatte den Segen seines Vaters, der Gottes Segen war. Gott ist mit ihm auf allen Wegen, er beschützt ihn vor allem Bösen und gibt ihm Land und Nachkommen.

Und doch hatte sich Jakob seinen Weg zunächst anders vorgestellt. Vielleicht hatte er von Beruf und Familie geträumt, aber doch nicht so, nicht so schnell und vor allem auch nicht als ein Fliehender vor seinem Bruder.

Wenn Sie, liebe Konfirmanden, überlegen, wie es damals war, als Sie Ihren Segen bekamen bei der Konfirmation. Was hatten Sie für Pläne – für Träume, die Ihre Zukunft betrafen? Was wollte man werden, was wollte man lernen? Wieviele Dinge gab es, die man sich leisten wollte!

Und heute – wenn Sie zurückblicken:

Was hat das Leben Ihnen gebracht? Wieviel von dem, was man sich erträumt hatte, hat sich verwirklicht? Bei dem einen vielleicht eine ganze Menge, bei anderen weniger.

Ja, was hat das Leben gebracht? –

Mancher hat sicher den Beruf erlernen können, den er sich so vorgestellt hat, hat eine Familie gegründet, geheiratet, vielleicht den Mann oder die Frau seines Herzens, vielleicht sogar die Jugendliebe! Mancher hat sich ein Haus bauen können, sich eine gesicherte Existenz geschaffen, und vielleicht ist bisher auch alles gut gegangen.

Vielleicht aber auch nicht.

Mag sein, daß es mit der Ausbildung nicht so geklappt hat. Vielleicht war nicht genug Geld da oder auch nicht genug Verständnis.

Mag sein, daß es mit der Beziehung nicht so geklappt hat. Sicher ist bei manchem auch in dieser Hinsicht nicht alles den Weg gegangen, den man sich mal vorgestellt hatte. Man mußte seine Erwartungen beschränken, vielleicht verzichten, Enttäuschungen aushalten, die einem sehr weh taten. Vielleicht sogar den Partner verlieren! Ja, das Leben hat dem einen oder anderen übel mitgespielt. Sie wissen aber auch, daß man vieles überwinden kann und daß es auch etliche Sonnentage im Leben gibt. Vielleicht sehen die nur anders aus, als man sie sich einmal erträumt hatte.

So wie der Jakob sind auch Sie ein Stück Lebensweg gegangen. Und vielleicht ist es Ihnen wie Jakob ergangen. Sie sind aus Ihren Jugendträumen herausgekommen und ein Stück realistischer geworden. Sie können Ihren Weg gehen, wie er auch aussehen mag, und Sie haben sicherlich Möglichkeiten gefunden, mit Freude und Leid umzugehen.

So war es auch mit Jakob. Er ging seinen Weg. Es war nicht der, den er sich vorgestellt hatte, aber er konnte ihn trotzdem gehen, er war damit zufrieden, nur … ja, nur etwas Besonderes war es eben nicht.

Da war es Abend geworden, und er legte sich hin, um zu schlafen. Dabei ging ihm noch einiges durch den Kopf. Wie nüchtern eigentlich sein Leben geworden war. Schon lange war nichts Ergreifendes mehr passiert. Wie anders alles geworden war und wie leer er sich fühlte. Und ich könnte mir vorstellen, er hat sich gefragt, wo denn eigentlich der Segen Gottes geblieben war. Alles war so normal. Rechnete er eigentlich noch manchmal mit Gott?

Über diesen Gedanken schlief er ein. Und dann träumte er: Jakob träumte von einer Himmelsleiter. Von der Leiter, mit der Gott Himmel und Erde verbindet. Und Gott wiederholte seinen Segen.

Ja, liebe Konfirmanden. Mit dem Träumen ist es noch nicht vorbei. Und gerade, wenn man müde ist und es scheint einem, als sei es Abend geworden, dann kommen die Träume. Lassen wir sie doch einfach einmal zu. Träumen heißt: immer wieder Hoffnung haben und an die Zukunft zu glauben. Heute wäre wieder wie damals bei der Konfirmation so eine Gelegenheit, neue Zukunft zu träumen.

Sie alle stehen in der Mitte Ihres Lebens, wie man so sagt. Manche sagen, das sei eine kritische Zeit. Auf der anderen Seite ist sie wie jede Zeit eine wertvolle Zeit. Ich könnte mir vorstellen, daß Sie mit der Erfahrung, die Sie schon recht lange gesammelt haben, nun auch einen neuen Blick für die Zukunft bekommen.

Vielleicht ist dieser Blick ja wie die Himmelsleiter. Eine Leiter, die Himmel und Erde verbindet, eine Brücke zwischen Gott und den Menschen: Gott wird für die Menschen sichtbar.

Das klingt vielleicht zu wunderbar. Das ist es auch und dabei aber auch realistisch und mehr als nur ein Traum.

Es ist wie ein neuer Blick in die Zukunft. Daß man so, wie man gerade ist, plötzlich begreift, ohne diese Leiter geht es nicht. Wenn nicht ein Stück Himmel auf Erden sichtbar wird, sind die Erde und wir alle arm dran, wenn nicht gar verloren. Oder wer weiß nicht aus Erfahrung, wie sehr man ab und zu Bestätigung braucht, von Freunden oder auch von anderen. Wer weiß nicht, wie schön es ist, anderen eine Freude zu machen oder selbst eine Freude gemacht zu bekommen. Wer hat nicht Freude schätzen gelernt?

Diese Erfahrungen schenken uns einen neuen Traum für unsere Zukunft. Der Blick für den anderen wird neu gestaltet, der Blick ist die Himmelsleiter, die Gott zu uns Menschen sendet. Sie zeigt uns, daß Gott selbst – auch hier bei uns – immer noch da ist. Nämlich in unserem Alltag. Und dort brauchen wir ihn auch.

Und dann lassen Sie uns für die Zukunft darauf vertrauen, daß das wahr wird, was Gott dem Jakob über die Leiter herunter sagt und was auch ein Wort für uns heute ist: „Ich will dich nicht verlassen, bis ich alles tue, was ich dir zugesagt habe."

Hiob 33,14–18

Ungläubig werden diese Verse aus dem Buch Hiob von vielen Menschen vernommen, obwohl sie doch so eindeutig klingen. Auf eine Weise redet Gott mit uns Menschen und auf eine zweite. Schon diese Worte sind deutlich. Gott redet zu uns. Aber bereits hier hält mancher inne und meldet Bedenken an. „Ich hätte mir gewünscht, daß Gott mir antwortet, als ich im tiefen Loch war", klagt leise ein Mann in eurem Alter. Erst hatten sie ihm gekündigt, dann brach die Ehe, danach stellten sich Depressionen ein. „Aber da war nur Stille und Schweigen", fährt er mit traurigen Blick fort.

Ein Leidender wie Hiob. Einer, der im Leiden noch nach Gott schielt. Und Gott bedeckt selbst dieses hilflose Schielen mit der Dunkelheit des Schweigens. Im Buch Hiob ist es ein Freund, Elihu geheißen, der dem klagenden Hiob entgegenhält: „Warum willst du mit Gott hadern, weil er auf Menschenworte nicht Antwort gibt" (Hiob 33,13). Und dann folgt des Elihu Antwort, wie ihr sie eben gehört habt.

Gott redet im Traum, im Nachtgesicht. Das ist die Überraschung. Wir hätten wohl manche Antwort parat, aber diese?

Zunächst einmal fällt auf, wie viele Menschen sich an wenigstens einen Traum erinnern können, wenn sie sich ein wenig besinnen. Manche von euch wissen auch noch von den Eltern und Großeltern so seltsame Äußerungen zu berichten: Wenn einer von Heidelbeeren träumt, so bedeute das Tod. Von trübem Wasser zu träumen, bedeute Leid, von klarem hingegen Freude. Eines könnt ihr solchen aufgeschnappten Sätzen auf jeden Fall entnehmen: schon eure Vorfahren beschäftigten sich mit ihren Träumen.

Wer in der Bibel liest, der wird auch fündig. Er wird dem träumenden Jakob begegnen, mit ihm auf die Himmelsleiter schauen und den Engeln Gottes zusehen (1. Mose 28,10 ff). Er wird den niedergeschlagenen König Saul finden, zu dem Gott nicht einmal mehr in Träumen redete (1. Sam 28,6). Er wird die Warnungen des Propheten Jeremia hören (Jer 23,25) vor den falschen Propheten, die lauthals und schmeichelnd tönen: Mir hat geträumt, mir hat geträumt, aber über ihren Träumen Gott vergessen. Und er wird die offenen Worte hören, die Jesus ben Sirach aufbewahrte (34,1–3.5.6):

> Narren verlassen sich auf Träume.
> Wer auf Träume hält, der greift
> nach dem Schatten und will den Wind haschen.
> Träume sind nichts anderes
> als Bilder ohne Wirklichkeit…
> Eigene Weissagung und Zeichendeutung
> und Träume sind nichts,
> und man sieht dabei Wahnbilder
> wie eine Gebärende;
> und wenn es nicht kommt durch
> Eingebung des Höchsten,
> so halte nichts davon.

Wie denn nun? Sind Träume bloß Bilder ohne Wirklichkeit, oder öffnet Gott im Traum unsere Ohren? Die Skepsis gegenüber Träumen durchzieht auch die Bibel.

Nun macht Jesus ben Sirach eine Einschränkung: Wenn es nicht kommt durch Eingebung des Höchsten. Woran aber kann ich die erkennen? Und auch Elihu macht gegenüber Hiob eine gewichtige Bemerkung, wenn er sagt: Gott redet auf zweierlei Weise zu uns, nur beachtet man es nicht. Nehmen wir doch beide Einwände mit auf den Weg und lauschen dem Traum einer Frau Ende dreißig.

Mitten in der Nacht wachte sie auf, schweißgebadet und zutiefst erschrocken. Ihr Mann wird ihr sagen, daß sie laut geschrien habe. Im Traum hatte sie sich gesehen, den Kopf unter dem Arm, aus dem kopflosen Rumpf floß Blut. Diese wenigen Bilder raubten ihr den Schlaf. Wenn sie später diesen Traum erzählt, wird ihre Stimme immer noch zittern, und wie nebenbei bestätigt sie, daß wir in den Träumen farbig sehen.

Solch einen Traum vergißt man nicht. Was aber dann? Wie sind solche Bilder zu verstehen? Plötzlich greift man nach dem Schatten und will den Wind haschen, weil man nicht begreifen kann. Und dann die Worte des Elihu: Im Traum öffnet Gott das Ohr der Menschen, schreckt sie auf und warnt sie. Wie wahr das Erschrecken. Aber um die Warnung zu verstehen, müßte man ja diese flüchtigen Traumbilder greifen und sich aufschließen können. Wo aber liegt der Schlüssel dazu?

Nehmen wir einmal an, Träume wären nichts anderes als Bilder einer Wirklichkeit, die tief in uns ruht, dann könnten wir vielleicht von diesen Bildern zurückfinden zu dieser Wirklichkeit, die kein Auge sieht, kein Ohr vernimmt, es sei denn, es gelänge uns, gleichsam in uns hineinzuschauen und hineinzuhören. Dazu brauchen wir Stille und Ruhe, müßten abschalten all die äußeren Reize, um Raum zu geben den Bildern unserer Seele. Müßten das Tor öffnen, damit Gott Einzug halten kann.

Es ist das Geschenk des Schlafes, daß alles um uns abgeschaltet werden kann, um der Welt in uns eine Chance zu geben, sich zu Wort zu melden. Dann werden wir in den Träumen unseren Ängsten begegnen, werden Wege sehen, wo wir ratlos waren. Und immer wieder sind es bekannte Bilder, in denen sich die Wahrheit verbirgt. Vertraut sind sie uns aus unserer Umwelt. In den Träumen werden sie zu Symbolen, zu Sinnbildern, die gedeutet werden möchten.

Nichts anderes tat der Traumdeuter Joseph. Er sah in den mageren Kühen, welche die fetten auffraßen, nicht ein Beispiel tierischen Kannibalismus. Für ihn wurden die Kühe zu Sinnbildern für die fetten Jahre, welche von den mageren Jahren aufgezehrt wurden. Der durch die Träume aufgeschreckte Pharao lernte sie als Hinweis Gottes verstehen und konnte somit seinem Volk einen Weg der Rettung weisen.

So leicht schaut die Deutung aus. Bilder, die zunächst wirr erscheinen, bekommen einen Sinn. Aber vorher! Da geht es vielen wie der Frau mit dem Kopf unter dem Arm. Das sieht so schrecklich aus und der Schrecken lähmt. Deshalb brauchen Betroffene den behutsamen Rat.

Im Kreis mit anderen Frauen, denen sie ihren Traum erzählte, wurde sie gebeten, ihr Traumbild in möglichst wenige Worte zu fassen. „Ich war ganz kopflos", antwortete sie nach einigem Überlegen, hielt plötzlich inne, schlug sich mit der Hand vor den Kopf und sagte ganz aufgeregt: „Das ist es, das ist es!" Dann erzählte sie eine Begebenheit, in der sie den Kopf verloren hatte und fast ihr Leben verloren hätte. Mit jedem Wort verlor der Traum seine angstmachende Kraft und eröffnete einen Zugang zu dem eigenen Innenleben. Es ist so, als habe die Seele dem Bewußtsein mitzuteilen, wie lebensgefährlich es ist, wenn wir buchstäblich den Kopf verlieren. Jetzt eröffnen sich Chancen für das tägliche Leben.

Gott öffnet im Traum unser Ohr, erschreckt uns, um das Leben vor des Todes Geschoß zu bewahren, sagt Elihu zu Hiob. Noch zögernd keimt in uns die Gewißheit, daß es so sein könnte.

Vielleicht verstehen wir dann die Menschen, die sich auf die Suche machen, die Symbolsprache der Träume verstehen zu lernen. Immerhin hat der Religionsphilosoph Erich Fromm behauptet, die Menschen sollten als einzige Fremdsprache die Sprache der Symbole lernen, und sie würden sich, die anderen und Gott verstehen.

Auf der Suche nach dem Verstehen greifen immer mehr Menschen zu den Symbol- und Traumdeutungsbüchern, die in Buchhandlungen meterweise feilgeboten werden, ganz zu schweigen von den Traumdeutungsecken in so mancher Zeitschrift. Wo Symboldeutung auf die Schnelle leicht gemacht wird, kann die Enttäuschung nicht ausbleiben. Man lernt eine Fremdsprache nicht im Crashkurs, kratzt höchstens die Oberfläche. Wer in die Welt der Sinnbilder einsteigen möchte, muß sich Zeit nehmen zum Hören und Schauen. Aber ihm winkt eine Verheißung: Im Traum öffnet Gott unsere Ohren, erschreckt uns, um uns vor dem Verderben zu schützen.

Wir vermögen diese Erkenntnis vorläufig wohl nur zu buchstabieren. Wir ahnen aber die Kraft, die in den Träumen schlummert. Vielleicht erschließt sich ihr Sinn, wenn wir sie als Anrede Gottes an uns verstehen lernen.

Deshalb wünsche ich Ihnen gute Träume und einen langen Atem beim Erlernen der Symbolsprache.

Gebet

Herr, mein Gott, meine Augen können dich nicht schauen. Dein Glanz ist zu groß. Dein Schein zu hell. Was meine Augen sehen, wird mir zu einem Sinnbild deiner Kraft und Nähe. Tief in meine Seele prägen sich Bilder ein, steigen auf in der Nacht, wenn ich träume. Sie künden von der Wirklichkeit, die ich in mir spüre, geben mir einen Schlüssel, der den Himmel aufschließt. Aber so vieles sehe ich noch nicht. Es bleibt im Dunkeln und macht mir Angst. Dann schrecke ich auf und weiß doch, daß ich allen Halt verlöre, wenn du mich nicht hältst. Darauf vertraue ich und möchte dir folgen, wenn du mir die Dunkelheit eröffnest und deinen Lichterglanz hineinfallen läßt. So bitte ich dich um einen geruhsamen Schlaf. Auch bitte ich dich, die Macht der Traumbilder verstehen zu lernen als dein Anklopfen an meine Lebenstür. Dann erfüllen sie sich mit Sinn und werden mir helfen an den hellen Tagen, denn den Deinen gibst du es im Schlaf.

Psalm 27,1

Manchmal wecken die Worte der Bibel in uns Erinnerungen an eine längst vergessen geglaubte Hoffnung. Dann ist es, als würde unser Herz berührt von einem Hauch der Ewigkeit. Ängste werden klein, Mutlosigkeit verliert sich, das Lebensfeuer in uns beginnt wieder mit immer kräftiger werdender Flamme zu brennen. Unsere Gedanken formen sich zu Worten, die aus einer behüteten Tiefe kommen:

> Der Herr ist mein Licht und mein Heil; vor wem sollte ich mich fürchten?
> Der Herr ist meines Lebens Kraft; vor wem sollte mir grauen?

Mit diesen Worten beginnt der Psalm 27. So müßte es sein, denken wir: Der Herr mein Licht, mein Heil, meines Lebens Kraft. Und alles, was diese Welt grau werden läßt und rabenschwarz, das wäre in der Nähe Gottes überwindbar, lichtete sich und würde aufgehoben in eine größere Güte. Gestärkt wären wir, die Schatten über unserem Leben fielen hinter uns, verblaßte Augen füllten sich mit neuen Glanz, sähen in diesem Leben nicht überall die Ungeheuer der Angst auftauchen, sondern könnten in all den großen und kleinen Dingen der Welt die wundersame Handschrift Gottes entziffern. Am Ende entdeckten wir, daß ein jeder von uns die Worte Gottes in sich trägt und mit sich führt seine Botschaft.

In den Psalmworten hören wir nun staunend eine schlichte Wahrheit ausgesprochen. Sie rührt uns an, rüttelt wach die Lebensgeister, kündet von Zuversicht und Vertrauen und Geborgenheit. Ach, seufzen wir still in uns, manchmal aber auch laut und vernehmlich: Wenn es doch nur so wäre! Der Herr meines Lebens Kraft und ich ohne Furcht!

Im Gespräch mit Menschen ist oft ein anderes Lied zu hören. Es besingt nicht die Kraft Gottes in den Menschen. Es besingt unsere Ohnmacht. Nicht nur unseren ohnmächtigen Kampf gegen den Hunger in der Welt. Nicht nur unsere ohnmächtige Verzweiflung vor den brutalen Kriegen, Greueltaten und Vertreibungen. Es scheint so, als wiese alles von uns in der Welt angerichtete Grauen auf unsere Seele hin, in der es längst eben so grau aussieht, und alle Farbe und Pracht sei längst gewichen. Grau in grau erscheint die Welt. Und wie sieht es mit unserer eigenen Welt aus? Was wohnt wirklich in den getrimmten Körpern, hinter den auf jugendliche Frische getünchten Fassaden?

Es gibt Augenblicke, dann erzählen unsere Münder eine andere Wahrheit: Ich bin so fertig. Dauernd werde ich gefordert. Man kann nicht nur an einem Stück geben. Ausgelaugt fühle ich mich, als hätte ich einen Marathonlauf absolviert und dabei vergessen, an den dafür vorgesehenen Stellen Wasser zu mir zu nehmen. Ausgebrannt bin ich, als gliche ich einem Ofen, dessen Äußeres noch steht, in dem aber kein Feuer mehr brennt und sich nur noch Asche befindet. Eure Kinder nennen in ihrer treffenden Sprache diese ganz in Schwarz umhergehenden Jugendlichen „halbe Särge" und ahnen, daß der Schein etwas mit dem Sein zu tun hat und das Design dem Sein nahe kommt.

In einer solchen Aneinanderreihung wirken die Aussagen erschlagend, und wir suchen einen rettenden Ausweg in dem Gedanken: Ganz so ist die Welt ja nun doch nicht. Gott sei Dank ist sie nicht ganz so. Aber die darin zum Vorschein kommende Befindlichkeit ist uns vertraut. In allen Anforderungen „vergeben" wir uns. Aber man kann nur das geben, was man zuvor gesammelt hat. Da beginnen wir zu verstehen, was es eigentlich heißt, sich zu sammeln. Die Gefahr ist ja, daß wir uns verlieren, weil wir „Hans-Dampf-in-allen-Gassen" sind und nach einer vollen Arbeitswoche auch das Wochenende noch total ausbuchen. „Nach einem Vierteljahr hatten wir das erste Wochenende frei", erzählt eine Frau. „Wir kamen uns richtig überflüssig vor. Mein Mann hat dauernd gefragt, ob denn gar nichts anliege." Es klingt, als wohne in den stillen Stunden das Grauen, weil wir uns dann nur noch alleine haben.

Wenn aber alles nur noch danach beurteilt wird, ob es denn auch Spaß mache, und selbst unsere Traurigkeiten von den Tanzmädchen, den „cheer-girls", umhopst werden, woher kommt uns dann die Kraft zum Leben gegen das Grauen und die Angst? Ein Tier in der Wüste findet Wasser selbst in den trockensten

Zeiten, der Marathonläufer weiß, daß er an bestimmten Stellen seinen Wasservorrat ergänzen muß. Wo aber sind auf unserem Weg die Quellen und Oasen, an denen wir Rast machen und die Kräfte auftanken, die wir für beschwerliche Wege bitter nötig haben? Der Herr – meines Lebens Kraft?

Manchmal hilft es, den Blick von sich abzuwenden und die Handschrift Gottes außerhalb von uns zu lesen. Dann werden wir sehen, wo sie der Schrift in uns gleicht.

Dazu habe ich uns von zwei Bäumen buchstäblich je eine Scheibe abgeschnitten. Die eine stammt von einer Linde, von einer Trauerweide die zweite. Beide Bäume waren etwa gleich alt, als sie gefällt wurden. Doch der Durchmesser der Trauerweide ist viel größer. Schön sind die Jahresringe zu sehen. Drei von ihnen sind mit kleinen Fähnchen markiert. Das erste markiert den 14. Jahresring, ein Alter, in dem ihr konfirmiert wurdet. Die zweite Markierung kennzeichnet den 25. Jahresring. Sie zeigt eine Zeit an, in der so mancher heiratete. Der 39. Jahresring weist auf die Silberne Konfirmation hin. Und dann kommen noch ein paar Ringe. Sie zu zählen fiel bei der Trauerweide leichter, weil ihre Jahresringe breiter sind. Frohwüchsiger als die Linde ist die Trauerweide, dafür ist ihr Holz weicher. Es enthält mehr Wasser. Die Scheibe einer gleichaltrigen Eibe wäre noch kleiner, ihre Jahresringe zu zählen weitaus schwieriger. Je langsamer ein Baum wächst, desto härter wird sein Holz. Dem Wind und dem Sturm hält er besser stand. Es ist wie bei uns Menschen. Wenn wir zu viel Nahrung aufnehmen und uns damit – um im Bilde zu bleiben – zu fette Jahresringe zulegen, schwächen wir uns auf Dauer selbst.

Die Jahresringe bergen eine Botschaft. Einige sind deutlich voneinander zu unterscheiden, andere liegen ganz eng beieinander. An ihnen ist das Leben abzulesen. Sie erzählen von üppigen Jahren und kargen Zeiten, in denen Wachstum kaum möglich war. Ungleichmäßig sind gute und harte Zeiten über das Leben verteilt. Es gibt sie aber beide. Was wir nicht finden, sind ausschließlich Zeiten der Fülle oder nur karge Zeiten. Und Wachstum und Fruchtbarkeit sind in guten und schweren Zeiten möglich. Aber es sind die kargen Zeiten, die dem Holz innere Festigkeit und Kraft geben. Was nun die Bäume in guten und schlechten Jahren aufnahmen und umwandelten, prägt sie. Das läßt sich an ihnen ablesen.

Welche Scheibe können wir uns von den Bäumen abschneiden? Vielleicht diese eine, daß allem Leben eine Kraft innewohnt, die zu allen Zeiten Wachstum und Reife ermöglicht, auch in harten, weil es gerade dann nicht selbstverständlich ist. Wir in unseren Breiten leben in üppigen Jahren, zu üppigen, wie viele erkennen. Unsere Körper spiegeln die Üppigkeit wider, und wir müssen erhebliche Mittel aufwenden, auch innere Kräfte mobilisieren, um unsere Körperfülle auf ein heilsames Maß zu bringen. Um so unverständlicher ist es, wenn wir immer mehr Lebensmittel mit immer mehr künstlichen Mitteln immer größer aufschwemmen und unsere Augen sich blenden lassen von Farbstoff und künstlicher Größe.

Karge Zeiten kennen wir nur noch, wenn unsere Seele nach Nahrung schreit und unsere Sinne verdursten. Daran gewöhnt, daß immer genug da ist und für alle Lebenssituationen Hilfsmittel bereitstehen, macht sich graue Verzweiflung breit, wenn die Zeiten karg werden. Ein ganzer Zweig chemischer Industrie lebt mittlerweile davon, unser Leben aufzuhellen, wie sie uns werbend verheißen. Nähmen wir nur ihre Pillen, wiche das Grauen einem allzeit verfügbaren Glück, einnehmbar, dosierbar. Wie aber könnte unsere Seele wachsen und Kraft finden, wenn sie unter der dicken Decke chemischer Substanzen vor sich hin döst?

Es war Jesus, der die Menschen in ihren kargen Lebensabschnitten immer wieder auf sich selbst verwies. Was willst du denn eigentlich? Mit dieser Frage, in vielen Abwandlungen gestellt, begegnet er uns in unseren Schwachheiten und Ängsten. Diese Worte sind wie das Anklopfen an einer Tür, die wir längst zusperrten und an ihr vorübergingen, als gäbe es dahinter kein Leben mehr. Wer dem anklopfenden Jesus die Tür öffnet, entdeckt erstaunt, wie Kräfte der Heilung freigesetzt werden. Und Menschen werden nicht müde, in dieser ihnen innewohnenden Kraft das Licht und das Heil Gottes zu sehen. Wer wie bei den Baumscheiben die Mitte, den Ursprung gefunden hat, der weiß, daß wir von innen heraus wachsen. Das Vertrauen auf die göttliche Kraft ermöglicht es uns, auch mit den Verletzungen fertig zu werden, die wir im Leben erfahren. Wir wachsen wie die Bäume über sie hinaus und nehmen sie in uns auf. Darin erfüllt sich die Verheißung Gottes an uns: Laß dir an meiner Gnade genügen; denn meine Kraft ist in den Schwachen mächtig (2. Kor 12,9). Im Bild der Baumscheibe heißt das, daß gerade das Wachstum in den kargen Jahren, kaum spürbar und sichtbar, Halt und Widerstand und innere Stärke gibt. Auch in meinem Konfirmationsspruch wird dieses Geheimnis lebendig: „Ich schäme mich des Evangeliums nicht; denn es ist eine Kraft Gottes, die da selig macht alle, die daran glauben" (Röm 1,16).

Es war der Dichter Rainer Maria Rilke, der auf seiner Lebenssuche wohl das Bild einer Baumscheibe vor Augen hatte, als er dieses einfühlsame Gedicht schrieb:

> Ich lebe mein Leben in
> wachsenden Ringen,
> welche sich über die Dinge ziehn.
> Ich werde den letzten
> vielleicht nicht vollbringen,
> aber versuchen will ich ihn.

Ich wünsche Ihnen, daß Sie ihrem Lebensbaum noch viele Jahresringe hinzufügen können, üppige und karge, im Vertrauen auf Gott, der unseres Lebens Kraft ist.

Gebet

Herr, mein Gott, du gibst mir Kraft in meiner Schwachheit. Du stärkst mich, wenn ich müde geworden bin. Du hilfst mir auf, wenn ich gefallen bin. Du reichst mir die Hand, wenn ich strauchle. Du richtest mich auf, wenn ich niedergeschlagen bin. Du stützt mich, wenn ich geknickt bin. Meinem zerbrochenen Herzen bist du nahe. Du wirst mir zum Licht in der Dunkelheit, in meinem grauen Alltag wirst du mir zur Farbe. Deshalb danke ich dir für die Geborgenheit, die du mir schenkst alle Tage meines Lebens. Wenn mir manchmal der Blick dafür fehlt, dann siehst du es mir nach. Das macht mir Mut, jeden

Tag zu wagen und zu betreten wie ein Stück unbekannten Landes. Wenn ich in all meinen Schwächen nur dich habe und deine Kraft in mir spüre, so soll mir das genügen. Dann will ich zufrieden meine Straße ziehen und dem Weg folgen, den du mit mir gehst.

Matthäus 1,18–24

Im Traum redet Gott mit uns. Das ist die irre Behauptung, die der Evangelist Matthäus aufstellt. Das ist entweder eine längst vergessene Wahrheit, oder starker Tobak, der uns aufgeklärten modernen Menschen da zugemutet wird. Kennen wir doch das Sprichwort: Träume sind Schäume. Da kannst du nun genau das Gegenteil heraushören: Träume sind belanglos, sie haben keine Bedeutung. Ein Mann in den Vierzigern hat es so ausgedrückt: „Alles irrer Kram, was man sich da zusammenträumt!" Und – spinnen wir seinen Faden und den des Matthäus weiter – in solch irrem Kram soll Gott zu uns reden? Das erscheint zumindest zweifelhaft. Hinzu kommt, daß eine Vielzahl von Menschen steif und fest behauptet, überhaupt nicht zu träumen. Gehören Sie zu dieser Menschengruppe, oder können Sie sich an einen Traum erinnern?

In Schlaflabors wird seit Jahrzehnten von Wissenschaftlern untersucht, was während des Schlafes so in uns vor sich geht. Dabei haben sie erstaunliches herausgefunden. Jeder Mensch träumt vier bis fünf Mal in jeder Nacht. Von unterschiedlicher Dauer sind die Träume. Raubt man einem Menschen seine Träume, dann hat das krankmachende Auswirkungen auf sein Leben. Träume sind ein Grundbestand unseres Daseins. Sie haben buchstäblich lebensnotwendige Funktionen, und das heißt doch: Sie wenden die Not des Lebens.

Was aber bedeutet dann das Sprichwort: Träume sind Schäume? Wie Schaum sind sie, flüchtiger Stoff, nicht greifbar und nur schwer festzuhalten. Aber belanglos sind sie nicht.

Deshalb behalten wir auch Träume so schlecht. Manchmal denken wir: da war doch was, kommen aber nicht mehr dahinter. Manchmal genügt ein winziger Auslöser, und der Traum der Nacht zieht vor unserem geistigen Auge auf. Manchmal prägt sich ein Traum so tief in uns ein, daß wir ihn nicht vergessen können, selbst wenn wir uns hundert Mal sagen: Ist doch nur irrer Kram. Und manchmal wiederholen sich Träume in zeitlichen Abständen.

Ist an den Träumen mehr dran, als wir auf den ersten Blick meinen? Das Wort „Träumer" benutzen wir doch eher im abwertenden Sinne. Du bist ein Träumer, das heißt: Aus dir wird nichts Gescheites. Weit bringst du es nicht im Leben. Da mußt du knallhart sein. Dem Durchtriebenen winken Reichtum und Macht. Dem Träumer nicht.

Eine Frau erzählte von ihrer täglichen Arbeit im Kuhstall. Misten und melken jeden Tag jeder Woche seit zwei Jahrzehnten. Noch nie hatte sie einen Tag Urlaub. Weil die Arbeit immer ihren gewohnten Gang ging und jeder Handgriff mit der Zeit saß, leistete sie es sich, gedankenverloren ihrer Arbeit nachzugehen, ihrem Geist Flügel zu verleihen und im Kuhstall beim Misten zu träumen. Das wurde ihr Urlaub. Eines Tages schlich sich ihr Mann hinter sie, um sie plötzlich mit lauter Stimme aufzuschrecken: „Na, träumst du denn schon wieder?" Erschrocken fuhr sie zusammen. Schuldgefühle stiegen in ihr auf. Was bleibt uns, wenn wir uns unsere Tagträume nicht mehr leisten dürfen und das Leben auf den Takt der Melkmaschinen zurechtgestutzt wird?

Eines bringt uns diese Landfrau nahe: Unsere Seele braucht solche Traumreisen in die Tiefe oder in die Weite der Unendlichkeit, als fände sie dort das Lebenswasser, von dem dann auch unser Körper zehrte.

Wie ist es nun mit den Träumen in der Nacht? Wer einmal die beiden ersten Kapitel des Matthäusevangeliums liest, der macht eine erstaunliche Entdeckung. Dreimal begegnet der Engel des Herrn Menschen in ihren Träumen: dem Josef (Mt 1,20.24; 2,13) und den Sterndeutern aus dem Morgenland (Mt 2,12). Sie wachen auf, haben die Botschaft der Träume verstanden, handeln danach und geben so ihrem Leben eine Wendung zum Guten.

Aus der Weihnachtszeit sind uns diese biblischen Geschichten noch einigermaßen vertraut. Daß aber Gott oder sein Engel mit den Menschen im Traum spricht, das überhören wir in diesen Erzählungen gerne. Es ist so, als wollten wir es nicht wahrhaben, daß Gott im Traum zu uns spricht.

Viele Menschen auf dieser Welt beklagen leise und laut, wie sehr sie darunter leiden, daß Gott stumm ist und nicht zu ihnen spricht. Auch durch inständiges Beten bricht er sein Schweigen nicht. Gott müßte zu uns in unserer Not reden, dann wäre uns geholfen. Dabei erwarten wir wahrscheinlich, daß Gott zu uns auf die Weise spricht, wie wir Menschen es untereinander gewöhnt sind. Wie aber reagieren wir, wenn Gott im Traum zu uns redet? Was sollen wir davon halten, wenn der Traum buchstäblich ein Bote Gottes, eben ein von ihm gesandter Engel wäre?

Solche Gedanken machen viele Menschen zunächst ratlos. Es klingt unerhört. Doch bei gemeinsamem Gespräch fallen uns die großen Träumer der Bibel ein. Da ist Joseph, der Sohn Jakobs, der zunächst den elf Brüdern seine eigenen Träume erzählte und erklärte, später dann dem Bäcker und dem Mundschenk des Pharao, des ägyptischen Herrschers. Als er dann dem Pharao dessen Träume von den sieben fetten und dürren Kühen und den sieben fetten und mageren Ähren deutete (1. Mose 40.41), da folgte der Pharao der Traumspur und rettete sein Land. Wir könnten nun, einmal fündig geworden, aus der Bibel und der Geschichte des Christentums die Zahl der Träumer spielend erhöhen bis hin in unsere Gegenwart, in der immer wieder Frauen zu erzählen wissen von ihren Träumen im letzten Weltkrieg. Da wachten sie auf und hatten den Tod des Mannes oder des Sohnes geträumt. Wir wollen solche Berichte nicht vorschnell abtun, nur weil sie sich unserer Logik entziehen. Es gibt zwischen Himmel und Erde mehr Dinge, als wir mit unseren Augen und Ohren wahrnehmen können.

Vielleicht ist die Stille des Schlafes nötig, wenn wir alle äußeren Reize abschalten, damit wir wie auf einer Leiter von der Erde bis zum Himmel steigen können und Gott uns unsere inneren Augen und Ohren öffnet. Dabei können all die Eindrücke, die tief in unserer Seele Platz gefunden haben, sich verdichten zu den Bildern der Nacht und sich ausdrücken in unseren Träumen. Da haben die inneren Welten endlich Zeit, sich zu Wort zu melden. Im Tagleben leisten wir uns ja Träume kaum noch. Die Bibel wird nicht müde zu behaupten, in den Träumen rede Gott mit uns. Oder um es anders zu sagen: Der Traum enthält eine Botschaft Gottes. Wenn wir nun die Träume beiseite schieben, weil wir ihnen keine Bedeutung zumessen und sie uns zu wirr erscheinen, dann gleichen wir dem Manne, der von seiner Geliebten einen Brief erhält, ihn aber nicht öffnet, sondern weglegt. So erfährt er den Inhalt nicht. Aber es könnte doch sein, daß gerade diese Worte für ihn lebensnotwendig sind. Und dann wäre eine Chance vertan.

Ich lade sie herzlich ein, sich diesen ungewohnten Vorstellungen unserer Bibel mit Offenheit zu nähern und ihren Träumen den Wert beizumessen, den sie als Gottes Botschaft haben. Vielleicht finden sie darin die Hilfe, die ihnen in ihrem Alltag die Kraft gibt, einen Weg durchs Leben zu finden und der Traumspur Gottes zu folgen.

Psalm

Wenn der Engel des Herrn
im Traum aus unserer Seele aufsteigt,
wie werden wir ihm begegnen?
Wenn der Engel des Herrn
im Traum mit uns redet,
was werden wir dann tun?
Dann wird es sein,
als gingen uns die Ohren auf,
und wir hören eine unhörbare Stimme.
Von der Einmaligkeit des Lebens erzählt sie
und von der Reinheit aller Gefühle.
Von der Nähe Gottes kündet sie
und von der Geborgenheit inmitten des Lebens.
Erschrecken werden wir und staunen.
Werden wir dem Fingerzeig des Engels folgen?
Wird am Tage noch gelten,
was wir in der Nacht vernahmen?
„Mit uns ist Gott", sagt eine Stimme,
und sie wird uns zum Stern, dem wir folgen.

Die Arbeiter im Weinberg –
Matthäus 20,1–16

Zwischen meiner Frau und mir stimmt die Chemie noch, sagte ein Mann wenige Wochen vor seiner Silberhochzeit. Trotz mancher Kräche haben wir immer wieder zum Einklang gefunden, fährt er fort.

Unsere Sprache verrät uns. Oftmals ganz unbewußt suchen wir nach Ausdrücken, die unsere Eindrücke treffend wiedergeben und vor allem die Gefühle zu beschreiben vermögen, die in uns aufsteigen.

Das ist ja eine seltsame Ausdrucksweise: zwischen uns stimmt die Chemie noch oder, wie andere sagen, nicht mehr. Ich lade Sie ein, sich mit mir auf den Weg zu machen, um die Hintergründe dieser Wortwahl etwas aufzuhellen. Wir wollen still werden und uns einstimmen lassen von einem Gleichnis, das Jesus erzählt hat:

Lesung: Matthäus 20,1–16

Für mich ist dieses Gleichnis eine große Symphonie des Lebens. Sie erklingt in mehreren Sätzen, beflügelt uns in hellen Dur-Akkorden, betrübt uns in traurigem Moll und schreckt uns auf durch Dissonanzen, durch schrille Unstimmigkeiten. Immer wieder wird ein Thema angespielt, und der Paukenschlag fehlt auch nicht. Am Ende verhallt diese Symphonie des Lebens in einer ahnenden Mahnung.

Andere Menschen hören in diesem Gleichnis ganz andere Saiten angeschlagen. „Es zahlt sich nicht aus, mit Gott ein Geschäft zu machen", sagte ein Mann in einem Bibelkreis dazu; einem zweiten verschlug es die Sprache, und eine Frau äußerte sich mit tonloser Stimme: „In der Kirche habe ich so viel Güte noch nie erlebt!"

Ein Wort ist für mich zum Schlüssel geworden, der mir die Tür zur Welt der Bilder in diesem Gleichnis aufschließt. Zweimal taucht es auf, immer an entscheidender Stelle. In der griechischen Sprache, in der die Schriften des Neuen Testaments geschrieben wurden, heißt es: symphonein. Die Übersetzer der Bibel haben es auf unterschiedliche Weise in unsere Sprache übertragen. Martin Luther gab es wieder mit „einig werden", andere übersetzten es mit „übereinkommen". Aber erst in dem deutschen Wort „übereinstimmen" klingt die Musikalität an, die dem griechischen Wort innewohnt. In diesem einen Wort wird das geheime Thema des Gleichnisses angespielt: wie weit stimmt unser Leben noch mit Gott überein? Was stimmt noch in unserem Miteinander? Nach welcher Lebensmelodie leben wir eigentlich?

Am Anfang, so erzählt Jesus, erklingt Übereinstimmung. Wie Menschen, die das gleiche Lied singen und ihre Stimme zu einem vollendeten Chor zusammenfügen, so gehen die Arbeiter und der Herr auseinander. Zwischen ihnen stimmt alles, in ihnen stimmt alles. Da spüren wir eine heitere, gelöste Stimmung.

Das gibt es also in unserem Leben, meint Jesus. Jeder kann den Grundakkord seines Lebens hören und mit ihm im Einklang leben. Wer dieser verborgenen Lebensmelodie auf die Spur gekommen ist, in dem werden Saiten zum Schwingen und Erklingen gebracht. Das füllt uns aus, hallt in uns nach und läßt uns beschwingt unseren Weg gehen. Mit einer Melodie im Herzen und auf den Lippen läßt es sich leben, und der Chor derer, die mit einstimmen, wird immer größer, je länger der Tag dauert. Selbst des Tages Last und die kräftezehrende Hitze lassen keine Mißtöne aufkommen. Über dem ganzen Tag liegt ein verschwebender Klang der Harmonie.

Was aber geschieht, wenn der Abend kommt? Die Schatten werden länger, am Horizont geht die Sonne unter. Wo eben noch alles klar war, umnachtet Dunkelheit die Sinne. Fast unmerkbar wandeln sich unsere Stimmungen. Hält dieser Einklang auch noch bei gewandelter Stimmung, wenn die Chemie untereinander nicht mehr stimmt? Erzählend beantwortet Jesus diese Frage.

Am Abend also steht der Chor zusammen. Was hat mir der Tag nun gebracht?, fragt so mancher. Lohnt sich denn dieses Leben? Was bin ich eigentlich wert? Noch klingt es beruhigend. Eigentlich weiß ich ja, welchen Wert ich habe. Darin fanden wir am Anfang doch Übereinstimmung. Aber dieses

Wechselspiel der Stimmungen macht uns unsicher. Und dann der Paukenschlag.

Unsere Ohren wollen dem Gehörten kaum trauen, unsere Augen nicht wahrhaben, was sie sehen. Jeder soll gleich viel wert sein vor Gott? Womit haben wir denn das verdient? – Eine ungläubige Pause. – Da stimmt doch etwas nicht! Da spielt doch wer falsch! Mißtöne verderben den Einklang. Und dann schlägt die Stimmung um. Der Chor murrt, fast jeder ist verstimmt.

Was eigentlich bringt diese Mißstimmung auf? Eben noch stimmte doch alles. Wo kommen die murrenden Untertöne her?

Alles, so erzählt Jesus, stimmt in dem Augenblick nicht mehr, wo die Stimmen des Chores zu vergleichen anfangen. Der vorhandene Einklang wird zum anschwellenden Mißklang in dem Moment, wo unsere Augen auf den anderen sehen. Was geht da in uns vor sich, wenn wir uns vergleichen? Warum fangen wir überhaupt damit an?

Manchmal bringt das Menschen zunächst ein Stückchen Zufriedenheit, wenn sie sich im Stillen vergleichen. Man betrachtet einander verstohlen, fühlt die heimlichen Blicke der anderen – und ... ja, wie stehe ich denn da?

Eine Frau drückte es so aus: „In der Krebsklinik habe ich viel Elend gesehen, da will ich mein Päckchen ganz zufrieden tragen!" Und eine andere Frau schrieb: „Ich weinte, weil ich keine Schuhe hatte. Da traf ich jemanden, der hatte keine Füße!"

Meistens hört sich die Melodie anders an. Dann spielen wir trauriger auf, wenn wir uns verglichen haben. Plötzlich ist da so eine Stimmung, im Leben zu kurz gekommen zu sein.

Immer bin ich zweiter. Immer wieder falle ich hinten runter. Immer trifft es mich, andere haben nur Glück. Denen geht es gut. Was habe ich eigentlich verbrochen, daß es mir so schlecht geht? Womit habe ich das verdient?

Dieses Lied können wir in vielen Strophen singen. Wir kennen sie alle auswendig und lernen immer wieder neuen Verse hinzu, wenn sie nur den einen Inhalt haben: Ich bin der Verlierer, der Looser, wie die Jugendlichen sagen. Andere sind besser dran als ich.

Dann verdüstert sich unser Herz. Aller Freudenglanz weicht aus unseren Augen. Wir schauen scheel drein, schielen nur noch auf den anderen. Und während wir dann jedesmal den finsteren Blick wiederholen, mit dem Kain seinen Bruder Abel ansah, verändert sich unmerklich in uns buchstäblich die Chemie.

All die vielen chemischen Vorgänge und Abläufe in uns sind gleichsam gekoppelt an unser Fühlen. Was uns vorher noch süß mundete, stößt uns nun sauer auf. Verändern sich unsere Gefühle, verändern sich damit auch die chemischen Lebensvorgänge: Die Chemie stimmt im wahrsten Sinne des Wortes nicht mehr. Wir sind nicht mehr auf einer Wellenlänge. Unstimmigkeiten erfüllen das Leben.

Mein Freund, sagt da eine Stimme. Ich fühle mich aus dem großen Chor herausgerufen. Versteckt in der Menge ließ es sich leicht murren und falsch aufspielen. Jetzt bin ich genannt. Die anderen sind zwar noch alle da, aber sie versinken hinter mir, als ob sie im Augenblick nicht mehr zählten. Mein Freund, reicht es dir nicht, daß du mit mir übereinstimmst?, fragt die Stimme Gottes.

Lohnt es sich plötzlich nicht mehr für dich, mit mir im Einklang zu leben? Bist du verstimmt, wenn du das Lied meiner Güte vernimmst? Höre hin, wie es sich anhört, wenn der Vergleich mit anderen die Vorzeichen für deine Lebensmelodie verändert.

Ein Mann hat es nach einem schweren Herzinfarkt auf der Intensivstation für sich so gesagt: Wenn das mein Weg ist, dann will ich ihn mit Gottes Hilfe gehen. An irgendeinem Punkt seines Lebens wird jeder Mensch aus den vielen Stimmen diese eine heraushören, die ihn alleine ruft. Es könnte ihm genügen, daß da jemand ist, der gut zu ihm ist, auch wenn die Nacht auf unser Leben fällt. Allein seine Güte zählt. An ihr ist etwas Unfaßbares, aber einzig sie macht das Leben erst stimmig. Solcher Einklang bringt auch die Chemie wieder in Ordnung, auf daß wir gesunden an Leib und Seele, den richtigen Sound hören für unser Leben im Weinberg Gottes.

Gebet

Herr, mein Gott, du hast mich in dieses Leben gerufen. In mich legtest du Gaben, Begabungen und Aufgaben. Sie könnten wachsen und heranreifen wie die Reben eines Weinberges. Manchmal, wenn ich in der Stille in mich hineinhöre, dann vernehme ich deine Lebensmelodie. Es ist wie ein Wohlklang aus dem Paradies. Dann ist mir keine Arbeit zu viel, keine Mühe zu schwer, keine Zeit der Muße zu langweilig. Aber wenn ich auf die vielen Stimmen höre, die auf mich einreden, dann komme ich mir ganz klein vor. Plötzlich ist meine Zuversicht verflogen, und deine Güte verwandelt sich in meinen Augen zur Ungerechtigkeit. Es reicht mir dann nicht mehr, daß du mir mein Leben gabst. Das Geschenk meiner Begabung nehme ich nicht mehr wahr. Es ist, als hüllten mich die länger werdenden Schatten des Abends ein. Weil das so ist, bringe ich vor dich all meine Unzufriedenheit und schütte dir mein Herz aus, bis es leer ist. Und dann, dann fülle du es an mit deiner Güte und gib mir Geduld, damit mein Leben mir zum Weinberg werde, in dem ich mich erfreue an dem salzigen Geschmack des Schweißes bei der Arbeit und an der Süße der reifen Früchte.

Markus 5,24–34

Krankenhaus. Frauenstation. Ein Zimmer mit drei Frauen. Ein Theologiestudent als Besucher. Er macht ein Praktikum. Vorsichtig erkundigt er sich bei einer Frau: Darf ich Sie fragen, weshalb Sie hier liegen? Die Frau antwortet mit einer abtuenden Handbewegung: Ach, nur Frauengeschichten. Dabei errötet sie leicht. Daraufhin der Praktikant unschuldig: Was sind denn Frauengeschichten? Hören wir eine Frauengeschichte, die uns der Evangelist Markus erzählt.

LESUNG: Markus 5,24–34

Es gibt Krankheitsbereiche, über die wir nicht gerne reden. Das ist, als wären manche Erkrankungen selbst in unserer angeblich offenen Gesellschaft, die alles und jedes publikumswirksam darbietet, mit einer Art Tabu umgeben. Das Benennen von Krankheiten macht Angst und ist eine hohe Hürde. Auch die Männer haben ihre tabuumgebenen Männergeschichten: Sie reden über Schwierigkeiten mit der Prostata viel zu spät. Dabei könnte uns ein Blick in das Märchen Rumpelstilzchen wenigstens dieses lehren: In dem Augenblick, wo die Bedrohung beim Namen genannt wird, die sich in der Gestalt des Rumpelstilzchens personifiziert, vergeht die Angst. Was man hingegen nicht benennt, vergrößert die Angst.

Es war ein mutiger Schritt, als der Evangelist Markus die Geschichte der Frau, die an Blutfluß leidet, in sein Evangelium aufnahm und auf seine eindrückliche Art erzählte. Einfühlsam sind Krankheitsgeschichte und Personen geschildert. Eingebettet hat er die Heilung der blutflüssigen Frau in eine andere Frauengeschichte, die Auferweckung der zwölfjährigen Tochter des Jairus. Der Evangelist Matthäus hat diesen Abschnitt des Markusevangeliums in seinem Sinne verändert. Die elf Verse strich er auf drei zusammen und machte so aus einer Beziehungsgeschichte einen Sachbericht. Nur an einer Stelle fügte er Worte ein: „Schöpfe Mut", heißt es bei ihm in der Anrede an die Frau.

Wenden wir uns der Erzählung des Markus zu. Sie beginnt wie nebenbei mit der Bemerkung, daß unter der großen Menge eine Frau war. So wird auf etwas Wichtiges aufmerksam gemacht. Immer wird es Massen von Menschen geben. Und immer wieder wird es Menschen geben, die das Bad in der Menge suchen, hier eine Hand reichen, dort eine Kinderwange tätscheln und huldvoll lächelnd, von Bodyguards abgeschirmt, ihre Volksverbundenheit demonstrieren. Die Masse wird zum Forum einer Popularitätsshow, zum Störenfried der Frager am Rande. Hier aber ist es unter der Menge diese eine Frau. Um sie geht es. Die Menge ist im Hintergrund kaum noch vorhanden. So ist das immer, wenn ein Mensch in seinem Leben Gott begegnet. Die persönliche Begegnung läßt alles andere an den Rand treten. Religion ist die Suche des Menschen und das Gefundenwerden durch Gott. Und dieses Suchen ist wie das Wandern durch unwegsame Wälder und bedrohliche Wüsteneien am Rande des Abgrundes.

Das beschreiben die wenigen Worte, mit denen die Krankheitsgeschichte dieser Frau nachfühlbar wird. Zwölf Jahre Blutfluß! Es ist übrigens die gleiche Anzahl von Jahren, mit der das Alter der Tochter des Jairus angegeben wird. Allein Frauen sind es, die nachempfinden können, was mit diesen wenigen Worten ausgesagt wird, wie viel Leiden darin steckt, wie viel von dem, was man Fraulichkeit nennt, buchstäblich verflossen ist. Uns Männern erschließt es sich nur schwer.

Fragt man bei Frauenärzten nach dieser Krankheit, so haben sie zwei Fremdworte als Krankheitsbezeichnung: Dysmenorrhöe oder Menorrhagie sagen sie und wissen Medikamente zur Behandlung. Ob durch die Medikamente auch die Ursachen geheilt werden? Aber erstaunt hören wir, wie viele Frauen auch heute unter dieser Krankheit leiden. Markus erzählt uns tatsächlich eine Frauengeschichte.

Und nun folgt all das, was wir aus eigenen Krankheitsgeschichten zu Genüge kennen. Da ist eine Krankheit. Du suchst einen Arzt auf. Seine Therapie hilft nicht. Dann gehst du von einem zum anderen, und wenn die Kassen nicht bezahlen, dann bezahlst du selber. „Aus Amerika habe ich mir ein Mittel kommen lassen. Es hat hunderte von Mark gekostet", sagt eine Frau mit langer Krankheitsgeschichte, „aber geholfen hat es auch nicht!" Im Gegenteil, es war noch schlimmer geworden.

Verborgen hinter diesen Worten liegen alle Erwartungen und enttäuschte Hoffnungen von Kranken. Wer ahnt die Ängste und die schlaflosen Nächte? Wer sieht die Verzweiflung? Sie soll auch keiner sehen, und deshalb verschwenden wir viel Kraft, um eine äußere Fassade aufrecht zu erhalten, damit keiner unsere leidende Seele anschauen kann.

Aber da ist noch etwas, unausgesprochen auch heute und doch immer da: Das Gefühl, als Kranker nichts mehr wert zu sein. Unsere Würde als Mensch ist angetastet und die Würde, eine Frau zu sein.

Zur Zeit Jesu war dies für Frauen noch schlimmer, stand doch alles, was mit Menstruation zu tun hat, unter einem kultischen Tabu. Eine solche Frau galt als unrein, war ständig ausgegrenzt selbst von den religiösen Feiern. Wie aber soll jemand gesund werden, wenn es keinen Ort der Geborgenheit mehr gibt, keine Asylstätte mehr?

Manchmal geschehen in solcher Ausweglosigkeit Wunder. Irgendwo im Innern ist dieser Frau ein letzter Rest an Mut verblieben. Sie wagt, was sie eigentlich nicht tun dürfte. Sie nimmt sich heraus, was sie sich nicht herausnehmen darf. Sie nimmt Beziehung zu Jesus auf – von hinten. Heimlich tut sie es, will uns der Evangelist sagen. Verstohlen berührt sie das Gewand Jesu, und diese heimliche Berührung rührt das Herz Jesu an. Als er stehenbleibt und fragt, wer denn da seine Kleider berührt habe, können seine Jünger nur verwundert sein. Da wird ihr Herr in der Menge hin und her geschoben, bekommt hier einen Puff, spürt dort einen Ellenbogen, auf den Füßen steht ihm einer, andere Hände liegen besitzergreifend auf Armen und Schultern, und in diesem Gestoßenwerden fragt er, wer ihn da berührt habe? Du bist umgeben von vielen Gesichtern, und du suchst das eine, Herr? Du wirst bedrängt von vielen, Herr, und du fragst nach einem Menschen, der dich anrührt? Das ist ja rührend, Herr, wie du dich verhältst.

So oder ähnlich werden seine Jünger gedacht haben. Aber wie sollen sie auch verstehen, was sie nicht berührte?

Und da ist die Frau. Die Menge war ihr Schutz. Niemand beachtete sie. Ihre Verzweiflung aber muß groß gewesen sein. Deshalb tut sie, was sie sich unter anderen Umständen nie getraut hätte. Und, so erzählt es Markus, sogleich versiegt die Quelle ihres Blutes.

Sie spürt es an ihrem Leibe, daß sie von ihrer Plage geheilt war. Ihre heimliche Berührung hat so wenig von Besitzergreifen an sich. Es ist eher so, als mache sich eine Hand auf die Suche nach einer neuen Lebensquelle, vorsichtig tastend. In dieser verborgenen Berührung ist so etwas wie Zuversicht und Zuneigung zu spüren. Es könnte sein, daß wir hier auch etwas über die eigentliche Ursache der Erkrankung erfahren. Denn was fehlt einer Frau, die ihr Leben über Jahre hinweg als dauerndes „Bluten-Müssen" erlebt? Vielleicht hat Blutfluß fast immer auch mit einer tiefen Verletzung der Sehnsucht im Leben einer Frau zu tun.

Da ist eine Wunde, die sich immer wieder öffnet. Blut ist Leben in der Vorstellung der Israeliten. Wenn das Leben einem wegschwimmt, wenn man immer nur „bluten" muß für andere, und wenn andere einen immer wieder „bluten" lassen, was bleibt dann von einem selbst? Wer sich geben und verschenken will, der muß auch nehmen dürfen.

Es ist kein Wunder, daß viele unserer körperlichen Erkrankungen seelische Ursachen haben. Immer besser verstehen auch die Mediziner diese psychosomatischen Zusammenhänge. So wird der Leib zur sichtbaren Seele. In vielen Redensarten haben wir diese alte Wahrheit aufbewahrt, etwa wenn wir die Augen die Fenster zur Seele nennen; nur beachten wir sie kaum. Im Denken der Hebräer sind unsere Körperorgane Orte der Gefühlswahrnehmung, auch der Gotteswahrnehmung. So bedeutet etwa das Bibelwort, auf Herz und Nieren prüfen (Ps 7,10), sich ein Bild von unserem Innenleben machen, schauen, wie es hinter der Maske aussieht, die Plage und den Kummer zu erspüren, die wir aus Selbstschutz so geschickt verbergen, bis es nicht mehr geht.

Und jetzt geht gar nichts mehr. Jesus stellt in gewissem Sinne diese Frau bloß. Aus der Menge, in der sie sich so gut verstecken konnte, ruft er sie heraus. Ihr heimliches Tun macht er öffentlich. Da hat ein Mensch gerade seinen ganzen Mut zusammengenommen und getan, was ihn heil machte. Und nun steht er da, wo er in seiner Krankheit immer schon stand: umgeben und umlauert von den anderen. Beschämt und erblaßt vor Schreck. Kaum spürt sie das Heilwerden, schon ist wieder die alte Angst da, die sie in die Knie zwingt. Als sie kniend redet, findet sie Worte, um zu beschreiben, was ihr Mut gab und was sie Wundersames erlebte. Die ganze Wahrheit sagt sie, ihre ganze Wahrheit. Und diese Worte waren nicht mehr nur Hülsen, keine Masken der Oberflächlichkeit, glichen nicht den welken Blättern, die zur Erde gefallen sind. In ihren Worten wurden die Bilder wieder lebendig, die erblühendes Leben in bunten Farben darzustellen wußten und einer Hoffnung Ausdruck gaben, die längst erblaßt schien.

Es geht nicht anders. Vor Gott zählt allein, wer ich in seinen Augen bin. Mein Leben zählt mit all seinem Kummer und allem Gram. Es zählt meine Einmaligkeit, auch wenn es immer wieder Verletzungen geben wird, die bis ins Blut gehen. Deshalb stellt sie Jesus in die Mitte, richtet sie vor aller Augen auf, wie er wenig später die Tochter des Jairus mit ihren zwölf Jahren aufrichten wird: Dein Glaube hat dir geholfen, Tochter. Mit anderen Worten: Heil ist geschehen und heil bist du geworden, weil du trotz der Länge deiner Krankheit Vertrauen aufbrachtest, das stärker war als deine Angst. Auch die Mauern religiös begründeter Vorschriften hielten dich nicht auf.

Tochter nennt sie Jesus. Und eine Tochter Gottes hier auf Erden zu sein, das müssen wir erst noch buchstabieren lernen. Aber es hat damit zu tun, für sich selbst gerade zu stehen. Wer Gott in seinem Herzen entdeckt hat, der braucht keine fremden Autoritäten mehr.

Deshalb hat der Evangelist Matthäus die Worte „faß Mut" hinzugefügt. Das klingt so, als wolle Jesus der Frau sagen: Du hast unter dem Druck jahrelanger Not Mut aufgebracht und einen Schritt getan, der dich auf den Weg der Heilung brachte. Daraus schöpfe Mut für die Dauer deiner Tage.

Sei getrost, übersetzt die Luther-Bibel das griechische Wort. Und Trost heißt, mit gestärktem Herzen in sein Leben gehen und achthaben darauf, wo der Name Gottes dazu mißbraucht wird, Menschen in rein und unrein, in rechtgläubig und ungläubig, in gut und böse einzuteilen.

Bei einer Meditation in einem Frauenkreise hat eine Frau diese Geschichte für sich mit einem Sprichwort zusammengefaßt: „Hilf dir selbst, dann hilft dir Gott". Was sie meinte, war dieses: Wenn ich mich in meiner Krankheit hinsetze und auf Hilfe warte, dann warte ich vergebens. Ich muß schon selbst gesund werden wollen und dafür etwas tun. Aber so, wie sie das Sprichwort zitierte, und viele zitieren es mit diesen Worten, bedeutet es: Erst mußt du dir helfen, dann hilft dir auch Gott. Sich selbst zu helfen ist dann die Bedingung für die Hilfe Gottes.

Wer sich auf die Suche macht nach dem Ursprung dieses Sprichwortes, der findet, daß es einmal so lautete: Hilf dir selbst, so hilft dir Gott! Sich selbst zu helfen und die Hilfe Gottes zu erfahren, das ist eins. Es kann und darf nicht in ein Nacheinander, in eine Bedingung aufgespalten werden. Gott knüpft seine helfenden Zuneigung nicht an Bedingungen. Das ist auch aus den Worten des Markus zu hören. In dem Augenblick, als die Frau Jesus berührte, wurde sie heil. Das ist das Geheimnis aller Gottsucher, dargestellt in einer Frauengeschichte: In dem Augenblick, wo sie Gott fanden, spüren sie, daß sie von Gott gefunden worden sind.

Psalm

Wenn ich deinen Namen rufe,
dann geht ein Strahlen über mein Gesicht,
und der Glanz der Zuneigung
leuchtet aus meinen Augen.
Wenn ich still und leise
deinen Namen buchstabieren will,
dann entdecke ich Worte der Liebe,
Lieder der Geborgenheit und Bilder der Sehnsucht.
Wenn mein Mund deinen Namen formt
und der Klang deiner Stimme
meine Ohren erreicht,
dann spüre ich, was Heimat ist.
Ich freue mich, daß dein Name ist
wie das Spiel des Lebens in Dur und Moll.
Darum werde ich nicht müde,

dich zu rufen mit meinem Herzen,
meinen Augen und meinem Mund.
Trage ich doch in mir die Verheißung,
daß du, Gott, mich bei meinem Namen rufst
und ich dein bin.

Johannes 14, 6

„Lieber würzig mit vierzig, als ranzig mit zwanzig!" Dieser lockere Spruch, liebe Silberne Konfirmandinnen und Konfirmanden, soll signalisieren, daß es die Vierziger in sich haben. Das wissen auch die Schwaben, die, wie man sagt, mit vierzig gescheit werden.

Andererseits jedoch tauchen auf dem Höhepunkt der Schaffenskraft so rund um die Vierzig nicht selten Sinnfragen auf. Äußerlich mögen die Jahre der Lebensmitte schwungvoll sein, ohne merklichen Einschnitt. Meist hat man es zu etwas gebracht, man ist wer. Innerlich aber erschreckt die Einsicht, daß die Lebenskurve nicht mehr steigt, sondern fällt. Das Ende ist absehbar. Angesichts der Lebensmitte reagieren manche daher mit lähmenden Entsetzen, andere mit hektischer Aktivität auf das Gefühl, möglicherweise etwas Wesentliches verpaßt zu haben. Wer nicht in der ersten Lebenshälfte Seelenkräfte gesammelt hat, die in der zweiten tragen, tut sich schwer. Die Psychologen nennen das midlife-crisis, und der Liedermacher Wolf Biermann beschreibt dieses Lebensgefühl so:

Das kann doch nicht alles gewesen sein,
das bißchen Sonntag und Kinderschrein?
Das muß doch noch irgendwo hin gehn.
Die Überstunde, das bißchen Kies,
und abends in der Glotze das Paradies:
darin kann ich doch keinen Sinn sehn.
Das kann doch nicht alles gewesen sein,
da muß doch noch irgendwas kommen! Nein!
Da muß doch noch Leben ins Leben.
He, Kumpel, wo bleibt da, im Ernst, mein Spaß?
Nur Schaffen und Raffen und Husten und Haß
und dann noch den Löffel abgeben?
Das soll nun alles gewesen sein,
das bißchen Fußball und Führerschein,
das war nun das donnernde Leben?

Mir gefällt an diesem Lied zweierlei. Erstens: es beschönigt nichts; es verlangt vielmehr, daß man die Phase der Lebensmitte ernst-, wahr- und annimmt. Das scheint wichtig zu sein, denn Fachleute sagen, Verdrängung sei bei den Vierzigern an der Tagesordnung. Zweitens: das Lied fordert zur Stellungnahme auf. Es stellt eine existentielle Frage: Wie hältst du's mit der Deutung und Gestaltung deiner Lebensmitte? Klar, daß sich eine Antwort darauf nur mit dem eigenen Leben geben läßt.

Könnte es vielleicht sein, daß die Krise der mittleren Jahre, die Suche nach dem Mehr-Wert des Lebens, auch noch eine große Chance ist, nämlich das Leben noch einmal neu in die Hand zu nehmen, die Lebensziele zu ordnen und mit Augenmaß neu zu stecken? Könnte es vielleicht sein, daß dabei ganz neu die Frage nach dem Sinn des Lebens mit der Frage nach Gott und der Tragfähigkeit des Glaubens verknüpft wird? Könnte es vielleicht sein, daß der heutige Tag Ihrer Silbernen Konfirmation Ihnen angesichts Ihrer Lebensmitte hilft, die Gedanken zu ordnen, neuen Mut zu schöpfen, Freude zu empfinden und das Leben zu meistern?

Ich möchte Ihnen darum an dieser Stelle etwas zurufen, was mir mein Konfirmationspfarrer für unklare Lebenssituationen mit auf den Weg gab: „Eines müßt ihr euch merken," hat er damals zu uns gesagt, „man muß immer etwas vor sich haben." Ich lade Sie dazu ein, das vor Ihnen Liegende zu entdecken. Machen wir uns auf den Weg.

Helfen soll uns dabei das kleine Stück Papier, das Sie seit Beginn des Gottesdienstes in den Händen halten. Ein Labyrinth ist, wie Sie erkennen können, auf ihm abgebildet. Sind Sie schon einmal in einem Labyrinth gewesen? Ein komisches Gefühl ist das, wenn man mitten im Irrgarten die Orientierung verliert und nicht mehr aus noch ein weiß. Man hat sich auf den Weg zur Mitte gemacht, die etwas Vielversprechendes verheißt, und muß nun schmerzlich erfahren, daß man augenscheinlich den falschen Weg eingeschlagen hat, einen, der nicht zum erwünschten Ziel, sondern in die Irre führt.

Früher ließen sich Grafen und Fürsten zur Belustigung ihrer Gäste oder zum Schutz ihrer Reichtümer Labyrinthe in den Schloßparks anlegen. Heute trifft man Irrgärten meistens auf den großen Rummelplätzen; in ihnen gaukeln einem geschickt gestellte Spiegel Wege vor, wo gar keine sind.

Doch der für mich eindrücklichste Irrgarten ist in einer Kirche zu finden. Sie haben recht gehört – in einer Kirche. Das Labyrinth, das Sie in verkleinerter Form in Ihren Händen halten, befindet sich in der Kathedrale von Chartres in Frankreich. Es hat einen Durchmesser von nur 12,5 Meter. Wenn man aber den ganzen Weg durch das Labyrinth zurücklegt, um in die Mitte zu gelangen, muß man 305 Meter weit gehen. Was nah und schnell erreichbar scheint, erweist sich als schwieriger und beschwerlicher, als anfangs geglaubt – wie so oft im richtigen Leben.

Aber warum hat man solch ein Labyrinth in eine Kathedrale hineingebaut? Das Symbol des Labyrinths hat durch die Jahrtausende hindurch die Menschen fasziniert. Es begegnet uns in vielen Religionen. In ihm verbirgt sich ein tiefer Sinn. Das Labyrinth ist ein Bild für das Leben selbst. Es ist ein Symbol für das menschliche Suchen nach Sinn und Ziel des Lebens. Es ist ein Symbol für die Suche nach der Mitte des Lebens, für die vielfältigen Wege und Irrwege des Suchens und Erkennens, die wir in unserem Leben gehen.

Also lassen Sie uns das Labyrinth „Leben" einmal betreten und miteinander ein Stück gehen. Denn um zur Mitte zu kommen, um Antwort zu finden auf die Frage nach Sinn und Ziel des Lebens, muß man aufbrechen, muß man sich auf den Weg machen.

In jüngeren Jahren geht das Voranschreiten auf dem Weg zur Lebensmitte scheinbar ohne Probleme. Doch in Wirklichkeit verbergen die meisten ihre Unsicherheit und Ängstlichkeit. Gerade junge Menschen fragen sehr wohl danach: Was soll ich hier? Wer braucht mich eigentlich? Wo liegt meine Zukunft?

(Raum für biographische Anknüpfungen)

Und so geht es in jungen Jahren mitunter wie in einer Springprozession vorwärts: drei Schritte vor und zwei zurück. Dennoch hat man ein Ziel vor Augen, das dem Leben eine Mitte geben könnte. Man ahnt etwas von einem Leben, wo man ganz „Ich-selbst" sein kann, ganz im Einklang lebt mit sich und der Welt. Die Mitte: ein Ort, wo man sich in Glück und Frieden am Leben freuen kann.

(Raum für biographische Anknüpfungen)

Manchmal scheint die Mitte schon greifbar nah, aber bei genauerem Hinsehen erweist sich, daß die Mitte nur umkreist wurde und man dabei immer tiefer in die Irrungen und Wirrungen des Lebens gerät. Man stößt auf Grenzen, muß umkehren, die Richtung ändern, gerät in Konflikte. Der Lebensweg führt mitunter in dramatische Biegungen, Brechungen und Krümmungen, bergauf und bergab, sich immer weiter von der Mitte entfernend. Und plötzlich fragt man sich: Wo bist du nun eigentlich hingeraten im Labyrinth des Lebens? Näher an der Mitte oder an den Rand gedrängt? Wie tief bist du hineingeraten ins Labyrinth des Älterwerdens, des Nachlassens der Kräfte, der Unzufriedenheit über dich selbst, der Sorge um und der Angst vor deiner Zukunft?

(Raum für biographische Anknüpfungen)

Wo also ist die Mitte des Lebens zu finden? In dem Labyrinth der Kathedrale von Chartres ist an jedem Wegbeginn, an jeder Weggabelung und in der Mitte ein Kreuz eingelassen. Weg und Ziel stehen im Zeichen des Kreuzes. Von diesem Kreuz blickt uns Jesus an, der von sich sagt: Ich bin der Weg und die Wahrheit und das Leben. Der Weg – der aus Sackgassen führt. Die Wahrheit – die Erkenntnis und Einsicht bringt. Das Leben – das den Tod besiegt. Das Kreuz im Labyrinth der Kathedrale von Chartres ist Orientierungspunkt und Wegmarke zugleich. Ob es dazu auch in unserem Lebenslabyrinth werden kann?

Als Sie damals hier in dieser Kirche konfirmiert wurden, geschah das unter dem Zeichen des Kreuzes. In der Zwischenzeit ist viel geschehen in Ihrem Leben, Schönes und Freundliches ebenso wie Leidvolles und Trauriges. Gewiß haben Sie dabei mitunter auch vergeblich nach Gottes Spuren in Ihrem Leben Ausschau gehalten, sind steckengeblieben im Labyrinth des Lebens. Hoffentlich aber haben Sie mitunter auch erfahren, daß es gut war, damals am Tag der Konfirmation „ja" gesagt zu haben zu Gott, und daß dieses „Ja" Orientierung gab im Lebenslabyrinth.

Heute stehen Sie nun wieder am Eingang dieses Labyrinths. Nur – heute haben Sie den ersten Durchgang schon hinter sich, haben Erfahrungen gesammelt, haben sich verändert auf Ihrem Weg, sind reifer geworden und vielleicht weiser. Vielleicht so, daß Sie den zweiten Durchgang als neu geschenkte Chance ergreifen können.

Der heutige Tag bietet Ihnen Gelegenheit zur Besinnung, zur Einkehr und vielleicht auch, wo es nötig ist, zur Umkehr. Aus der Vergangenheit heraus können Sie Ihre Zukunft neu beginnen, können die Zeit, die vor Ihnen liegt, auf dem Hintergrund Ihrer Erfahrungen neu und sinnvoll füllen.

Eines aber ist dabei deutlich: nur wenn Sie weitergehen, kann Sie der Weg zur Mitte führen. Das Leben mit all seinem Auf und Ab verweilt nicht. Morgen ist heute schon gestern.

So stehen wir heute unter demselben Kreuz, das schon vor 25 Jahren am Anfang Ihres Weges mit Gott stand. Heute steht es für einen neuen Anfang, für einen neuen Eintritt in das Labyrinth des Lebens. Es erinnert Sie und uns daran, daß Gott zugesagt hat, mit uns zu sein auf der Suche nach unserer Lebensmitte.

Diese Suche, dieser Weg ist beunruhigend offen. Keiner weiß, wohin und wodurch dieser Weg führt. Das Kreuz jedoch sagt uns, daß Gott diesen Weg mitgeht, und daß er uns, wo das nötig ist, trägt. Daran mögen Sie sich erinnern, wenn Sie, wenn dieser Tag längst vorüber ist, das kleine Labyrinth mit seinem Kreuz in der Mitte wieder einmal in die Hand nehmen. Ihr Lebensweg wird auch in Zukunft nicht nur geradeaus führen; möglicherweise führt er über Stock und Stein, kreuz und quer, auf und ab. Gott garantiert keine geraden, ebenen oder leichten Lebenswege. Garantiert ist nur sein Weggeleit denen, die sich von ihm geleiten lassen wollen.

Mögen Sie heute in Zufriedenheit zurück und frohen Mutes nach vorn schauen und sich fröhlich aufmachen auf Ihren neuen, unbekannten, schwierigen und schönen Weg durch das Labyrinth des Lebens und dabei der Zusage Jesu trauen: „Ich bin der Weg und die Wahrheit und das Leben; niemand kommt zum Vater denn durch mich."

(Zu Beginn des Gottesdienstes erhalten die Silbernen Konfirmandinnen und Konfirmanden einen Abdruck des Labyrinths von Chartres; darunter steht Johannes 14,6)

Jesus Christus spricht:

„Ich bin der Weg und die Wahrheit

und das Leben;

niemand kommt zum Vater denn durch mich."

VII. Predigten zur Goldenen Konfirmation

1. Mose 9, 12–16

Durch unsere schöne, alte Sandsteinkirche, in der Sie vor 50 Jahren konfirmiert wurden, wölbt sich heute ein bunter Regenbogen. Möglicherweise hat Sie das beim Hereinkommen erschreckt. Vielleicht haben Sie auch gedacht: „Bunte Bilder in der Kirche – das wäre damals nicht möglich gewesen." Oder gar: „Das ist aber nicht mehr meine Konfirmationskirche !" Wir Evangelischen – und da spielt das Alter keine Rolle – tun uns ja grundsätzlich recht schwer damit, unsere Kirchen mit Bildern zu schmücken, zumal wenn sie so farbenfroh sind wie der Regenbogen vor und über unseren Augen.

Dennoch soll dieser Regenbogen, der die Mitte unserer Kirche durch- und umspannt, heute im Mittelpunkt des Gottesdienstes stehen. Das war er übrigens in diesem Jahr schon einmal, vor wenigen Wochen, als wir unter ihm sechs Jungen und Mädchen konfirmiert haben.

Sie merken schon, der Regenbogen soll ein Bindeglied sein zwischen der Grünen und Ihrer Goldenen Konfirmation. Ja, ich denke, das könnte er wirklich sein, dieser Regenbogen, ein Bindeglied zwischen vergangenen Tagen und heute, zwischen Ihrer Konfirmation damals und Ihrem Konfirmationsjubiläum heute.

Der Regenbogen ist ja mehr als ein schönes Bild. Er ist ein Symbol – er verbindet das sichtbare, farbige Licht mit einem unsichtbaren, tiefer liegenden Sinn, der sich dem ersten Blick verschließt. Im Märchen heißt es, daß dort, wo der Regenbogen die Erde berührt, ein Topf mit Gold vergraben ist. Vielleicht erinnern sich manche von Ihnen an die Kinderzeit, wo Sie möglicherweise versucht haben, den sich geheimnisvoll verbergenden Anfang bzw. das Ende des Regenbogens zu finden.

Dieses Ziel bleibt jedoch unerreichbar, der Sprung hinter den Regenbogen, wo der Schatz vergraben liegt, gelingt nicht, man muß sich mit dem Sichtbaren begnügen. Auch hier erkennen wir das Symbolische im Blick auf unser Leben: vor den Anfang bzw. hinter das Ende können wir nicht schauen.

Der Regenbogen war schon immer ein besonderes Zeichen für die Menschen, die ihn erblickten. Schon sehr früh hat man ihn auch mit religiösen Vorstellungen in Verbindung gebracht. Darum verwundert es nicht, daß der Regenbogen am Ende der Noahgeschichte – wir haben sie eben als Predigttext gehört – zum Zeichen Gottes wird: das Zeichen, mit dem Gott das Ende seines Zorns über die Menschenkinder und zugleich den Anfang einer neuen Epoche signalisiert, der Beginn der unverbrüchlichen Treue zwischen ihm und seinen Geschöpfen. Gewiß ist auch darum der Regenbogen vielen Menschen zu einem Zeichen von Gottes Gegenwart in dieser Welt geworden.

Der Regenbogen ist eben mehr als nur bloßes Farbenspiel, ausgelöst durch meteorologische Phänomene und erklärbar durch physikalische Naturgesetzlichkeiten. Ihn umgibt ein letztes Geheimnis, das sich unserer Verfügbarkeit entzieht. Wir können ihn nicht „machen" wie vieles andere in unserem Leben; in gewisser Weise kommt und geht er, wann und wo er will. Wir stellen uns gern unter ihn; sein Halbkreis, der Himmel und Erde verbindet und umspannt, schenkt uns ein mit wissenschaftlicher Erkenntnis nicht zu erklärendes Gefühl der Geborgen- und Beschütztheit. Seine sieben Farben schillern nicht nur bunt, sondern sind in ihrer immer gleich wiederkehrenden Zusammenstellung ein Gleichnis für die Beständigkeit, aber auch für Vollkommen- und Ganzheit aller Farben, die unser Auge in der Lage ist, zu erblicken. In all diesen Eigenschaften ist der Regenbogen ein Hinweis auf Gott, den Schöpfer und Erhalter allen Lebens. So betrachtet finde ich es also gar nicht seltsam oder ungewöhnlich, daß er sich auch hier in dieser Kirche entfaltet, wo wir doch Gottes Gegenwart am ehesten suchen und erfahren wollen.

Aber der Regenbogen ist nicht nur ein Hinweis auf Gott in dieser Welt; er ist auch ein Gleichnis für unser eigenes Leben. Er gleicht in mancherlei Hinsicht dem Weg, den wir, jeder für sich und darin zwar höchst unterschiedlich, in Anfang und Ende aber gleich, und darum letztlich gemeinsam, gehen. Aller Anfang ist schwer – das gilt auch für das Ersteigen des ersten Stücks des Lebensweges. Steil führt der Regenbogen von der Stelle nach oben, wo er die Erde berührt und von wo er seinen Anfang nimmt auf seiner Spanne durch Zeit und Raum. Auch unser Anfang ist nicht leicht: über allem steht das Üben und Lernen – Gott sei Dank dürfen wir das in unserer Kindheit meistens spielerisch erfahren. Trotzdem sind die ersten eigenen Schritte richtige Arbeit. Ich denke, das haben auch Sie so erlebt.

(Hier ist Raum für konkrete Anknüpfungen aus der Kindheit und Jugend der Goldenen Konfirmanden)

Manchmal fragt man sich jedoch gerade als Kind bzw. Jugend-licher: „Wofür das alles?" Denn noch ist kein Ziel, kein Gipfel in Aussicht. Auch auf dem Weg über den Regenbogen ist zu Beginn nur erkennbar, daß der Weg steil nach oben führt. Wann er flacher, und damit leichter begehbar wird, und ob an seinem Ende ein Ziel liegt, für das sich der steile Aufstieg lohnt, liegt noch im Unsichtbaren. Jedoch kümmert uns dies kaum; noch geht der Schritt unbeschwert nach vorn, hoffnungs- und farbenfroh liegt die Zukunft ungetrübt vor uns.

Belohnt werden wir für den steilen Aufstieg, wenn der Weg alsbald flacher wird. Bis zum Gipfel, zum Höhepunkt, ist es nicht mehr weit, und vor allem ist er nun in unserem Blickfeld. Das Erreichte macht den Schritt leicht; bei einer Ruhepause hier und dort genießen wir den weiten Ausblick.

(Hier ist Raum für konkrete Anknüpfungen aus den sogenannten „mittleren Jahren" der Goldenen Konfirmanden)

Wenn der Gipfel erreicht ist, geht der Weg abwärts. Diese Erkenntnis kann erschrecken, sie kann aber auch heilsam sein. Denn wer sich ihr stellt, kann sich besinnen, und das heißt, er kann sich das Vergangene vergegenwärtigen und daraus Kraft und Mut für das Zukünftige schöpfen. So geht der Weg – zu-nächst überschaubar und gemächlich – abwärts. Wer so wan-dert, spürt, wie sehr das Absteigen in die Beine geht. Man ist ja nicht mehr der Jüngste, die Knochen werden schneller als bis-her müde und brauchen öfters Erholungspausen. Darum ist es gut, ab und an Pausen einzulegen. Vieles geht nicht mehr so schnell. Doch wer langsamer geht, hat Zeit zum Verweilen, Zeit zur Rückschau, Zeit, sich den Dingen des Lebens aus einem anderen Blickwinkel zu nähern.

(Hier ist Raum für Anknüpfungen für die Erfahrungen des Alterns)

Schließlich ist der Abstieg geschafft. Am Ende des Weges angelangt, dürfen wir aufatmen. Der (Halb-)Kreis schließt sich und führt uns, wenn auch an einem anderen Ort, letztlich dahin zurück, von wo unser Weg seinen Ausgang genommen hat. Anfang und Ende gleichen sich in ihrem Wesen, mögen die Orte auch verschieden sein. Zur Erde kehren wir zurück, von der wir unseren Ausgang genommen haben. Und über allem steht der Regenbogen – das Zeichen Gottes, das in unser Leben hineinragt. Seiner Symbolik nach erkennen wir nun dieses Zeichen für Gottes Nähe als tragenden Grund und als schützendes und bergendes Dach unseres Lebenslaufes.

Doch nicht immer ist er sichtbar, ebenso wie wir Gottes Nähe in unserem Leben nicht zu jeder Zeit spüren und erkennen können. Sein Auftauchen setzt das Zusammenspiel von Sonne und Regen voraus, nicht selten nach einem kräftigen Gewitter, das mit dunklen Wolken, grellen Blitzen und heftigem Donner über uns hinweggezogen ist. Wenn dann die Sonne durch die Wolken bricht und den Regenbogen an den Himmel zaubert, spüren wir: wir können den Gewittern unseres Lebens nicht ausweichen; wir müssen sie dort annehmen, wo sie uns überraschen. Aber was macht's, wenn wir ab und an naß werden bis auf die Haut. Wichtig ist zu wissen, daß wir hernach ausruhen dürfen und Zuflucht finden – unter dem Regenbogen, unter Gottes bergender Nähe. So wünsche ich Ihnen, den Goldenen Konfirmandinnen und Konfirmanden, wenn Sie heute auf die vergangenen Lebensjahre zurück- und auf die noch kommenden Jahre vorausschauen, daß Sie im Bild des Regenbogens, der sich durch Ihre Konfirmationskirche wölbt, Gottes bergende Nähe und unverbrüchlich zugesagte Treue in Ihrem Leben erkennen. Das ist wohl der größte Schatz, den man am Berührungspunkt zwischen Himmel und Erde, zwischen Gott und den Menschen finden kann.

Über wolkenschwerem Land und aufgetürmten Wogen grüßt, wie er vor Zeiten stand über Noahs neuem Land, bunt ein Regenbogen.

So, wie über Noahs Land, fern von Sturm und Wogen, steht als helles Unterpfand über meiner Jahre Rand Gottes Regenbogen.

Am Ende des Gottesdienstes erhält jeder Teilnehmer einen aus bunter Pappe ausgeschnitten Regenbogen mit dem darunter abgedruckten Gedicht (Verfasser unbekannt).

Solange die Erde steht...

Meinen
Bogen
habe ich in
die Wolken gesetzt;
der soll das Zeichen
des Bundes sein
zwischen mir
und euch
auf ewig.

Goldene Konfirmation

1. Könige 19, 4–14

Setze dich hin und halte inne, denn du hast einen langen Weg hinter dir. Komm ganz zu dir selbst und laß sie an deinem inneren Auge vorüberziehen, mehr als die Hälfte deiner Lebensjahre, die seit dem Tag deiner Konfirmation vergangen sind.

Setze dich hin und halte inne, denn du hast einen langen Weg hinter dir. Weißt du noch? Du hast es nicht vergessen. Es war doch eine schöne Zeit.

Solches Erinnern der Lebensgeschichten tut gut. Angefangen bei Vater und Mutter, den Geschwistern, bei den ersten Freundinnen und Freunden und vielen anderen, die uns wichtig sind. Setze dich hin und halte inne, denn du hast einen langen Weg hinter dir, und viele sind ein Stück dieses Weges mit dir gegangen. Weißt du noch? Du hast es nicht vergessen.

Solches Erinnern der Lebensgeschichten tut gut, aber es kann auch schmerzlich sein. Du hast dich trennen müssen von Menschen, die dir Leben gaben. Angefangen bei Vater und Mutter bis hin zu Mitkonfirmanden. Mehr als die Hälfte deiner Lebensjahre. Sie haben dir auch Wunden geschlagen, äußere und innere. Setze dich hin und halte inne, denn du hast einen langen Weg hinter dir, und er hat dich viel Kraft gekostet.

Manchmal so viel, daß du am liebsten davon gelaufen wärest, weg von diesem Leben und dem, was es so schwer macht. Weg in die Wüste. Wie Elia.

Als er dort angekommen war, setzte er sich unter einen Wacholderbusch und wünschte sich den Tod. Setze dich hin und halte inne, denn du hast einen langen Weg hinter dir. Es ist genug, Herr. Nimm mein Leben hin, denn ich kann nicht mehr weiter.

Und Elia fiel in den tiefen Schlaf der Erschöpfung vom Leben, in den Schlaf, der ein kleiner Bruder des Todes ist. Elia war am Ende seiner Kraft, und das Gefühl der Ohnmacht nahm er mit in seinen Schlaf.

Aber träumend kam es ihm mehrfach vor, als hörte er die Worte eines Engels: Steh auf und iß. Als er sich träumend umsah, da entdeckte er am Kopfende seines Lagers ein geröstetes

Brot und einen Krug mit Wasser. Elia aß und trank, doch dann legte er sich wieder schlafen.

Setze dich hin und halte inne, denn du hast einen langen Weg hinter dir. Du hast gegessen und getrunken und atmest weiter. Du verhungerst nicht an deiner Erschöpfung, aber deine Seele hungert nach Leben. Mehr ist nicht nötig als ein Bissen Brot und ein Schluck Wasser. Darum kam der Engel Gottes zum zweiten Mal, und träumend war es Elia, als ob er ihn berührte und dabei sagte: Steh auf und iß, denn du hast eine langen Weg *vor* dir.

Da stand er träumend auf und aß und trank. Und am nächsten Morgen wanderte er weiter durch die Wüste seines Lebens. Er war gestärkt am Leib, aber nicht an seiner Seele. Die Füße tragen seinen Körper, aber er fühlt sich nicht getragen. Die Lasten wiegen schwer aus all den Jahren, die mehr sind als die Hälfte deiner Lebensjahre.

So trottet Elia weiter bis hin zu einem neuen Berg. Wenn es erst einmal angefangen hat, dann ... du weißt es ja aus den Geschichten deiner Lebensjahre. Ein neuer Berg steht vor dir, den du übersteigen mußt. Elia verkroch sich, versteckte sich vor dem, was das Leben schon wieder von ihm fordern wollte. Gut, daß er gerade am Fuß des Berges eine Höhle fand. Setze dich hin und halte inne, denn du hast einen langen Weg hinter dir und noch weiter willst du nicht. Höchstens zurück in die erste Höhle deines Lebens, als du noch nichts wußtest von der Last des Lebens und du ganz geborgen warst. Aber als Elia mit sich und seinen Höhlengedanken ganz allein war, da hörte er träumend Gottes Stimme: „Geh hinaus auf den Berg." Gleichzeitig kam ein gewaltiger Sturm vorbei, der die Berge zerriß und die Felsen zerbrach. Aber Gott war nicht in dem Sturm. Danach kam ein Erdbeben. Aber Gott war nicht in dem Erdbeben. Danach kam ein Feuer. Aber Gott war nicht im Feuer. Und träumend ahnte Elia, daß Gott nicht in den Mächten ist, die deinem Leben Wunden schlagen. Und träumend hörte Elia das Flüstern eines leisen Wehens. Als er aus seiner Höhle hinaustrat, sagte Gottes Stimme zu ihm: Auf. Zieh deines Weges durch die Wüste in ein neues Stück deiner Lebenszeit.

Und ich denke mir, als Elia ging, da hatte er wohl auch noch die Worte des Engels im Ohr und im Herzen: Steh auf und iß, denn du hast einen weiten Weg vor dir.

Elia ging mit neuer Zuversicht. Aus der Stille war er gestärkt zurückgekehrt. Das leise Flüstern des Wehens, aus dem die Stimme Gottes gekommen war, schien ihm in der Erinnerung wie das Blasen der Mutter auf die kleinen Wunden seines Lebens in der Kinderzeit. So ist Gott.

So ist Gott mit dir gewesen in mehr als der Hälfte deiner Lebensjahre: wie im leisen Flüsterton eines Wehens. So ist Gott. So wird er mit dir sein in dem nächsten Stück deiner Lebenszeit und in dem, was es an Kraft von dir fordert. Darum steh auf und iß, denn du hast einen weiten Weg vor dir.

Psalm 71, 17–23

Liebe Jubilarinnen und Jubilare,
liebe Festgemeinde!

Heute feiern wir Goldene Konfirmation! Wir feiern mit Ihnen den 50. Jahrestag des Festes, bei dem Sie damals am Palmsonntag bzw. am Ostertag eingesegnet wurden. Unter Gebet und Auflegen der Hände wurde Ihnen damals Gottes guter Geist zugesprochen.

Im Rückblick auf diesen Konfirmationstag und die Konfirmandenstunden können Sie wohl in die Worte des Psalmbeters einstimmen: „Gott, du hast mich von Jugend auf gelehrt, und noch jetzt verkündige ich deine Wunder." – Im Gespräch mit einigen von Ihnen kam diese Erinnerung zum Ausdruck. Da hieß es: „Wir mußten viel lernen: Bibelstellen und die Erklärungen zu den 10 Geboten. Und unser Unterricht beim Pfarrer war damals ein fester Bestandteil der Woche." Zweimal kamen Sie – soweit mir das bekannt ist – zur Konfirmandenstunde zusammen – zu Fuß, versteht sich! Und das galt auch für Konfirmanden aus dem Nachbarort, die Winter wie Sommer schon einen weiten Weg hinter sich hatten, bevor der Unterricht überhaupt begann.

Gott, du hast mich von Jugend auf gelehrt.

Vielleicht können Sie im Nachhinein auch das Gute entdecken in dem, was Ihr Konfirmator Ihnen durch das Lernen und die Art des Unterrichts mitgeben wollte. Auch wenn es damals streng zuging und Sie dies oder jenes ungern gelernt haben. – Gab es da in all' den Jahren danach Worte der Bibel, die Sie wieder hervorholen konnten? Bibelworte etwa oder Gebete, wie den Psalm 23, und Lieder, die Sie in bestimmten Lebenssituationen gesprochen haben? Zum Beispiel, weil diese Sie mit dem Gott verbanden, der Ihnen seine Liebe und Treue schon in der Taufe zugesagt hat.

Solche Worte, die, einmal gelernt, dann im Herzen sind und zu den eigenen werden, die brauchten Sie, weil Leben nicht nur die Sonnenseite bedeutet. Bei einem jeden von Ihnen hat es auch das andere mit sich gebracht: die schwere Zeit der letzten Kriegsjahre, die Jahre des Wiederaufbaus Deutschlands und damit verknüpft die persönliche Wegführung: durch Krankheit oder Abschiednehmen von geliebten Menschen und von dem gewohnten Zeitgefühl einer sich ständig ändernden Gesellschaft. Der Psalmbeter des 71. Psalms bedenkt auch diese Zeit als von Gott gegebene Zeit und spricht: „Du lässest mich erfahren viele und große Angst und machst mich wieder lebendig." – Ob Sie das auch so sagen und beschreiben können? Gott hat mich durch schwere Zeiten geführt. Er hat mich dann aber wieder aus der Tiefe herausgeführt und lebendig gemacht. Er hat mich erneuert und mir wieder Kraft und Zukunft gegeben.

Ein Beispiel aus den Reihen Ihrer Jahrgänge möchte ich herausgreifen. Stellvertretend steht es für viele, die nun im Rückblick ihr Leben vor dem Angesicht Gottes deuten. Einer von Ihnen schreibt in einem Brief an uns: „Fünfzig Jahre sind eine lange Zeit, ein Menschenleben. Viel ist seither geschehen. Für mich bedeutete es Ausbildung und – nach Jahren der Vernachlässigung religiöser Themen – ein Studium, u.a. auch das der Theologie." Und etwas weiter schreibt er: „Unser ehemaliger Pfarrer hat mir Mut zum Religionsunterricht gemacht, den ich fünfzehn Jahre gehalten habe."

Nach einer Zeit der Vernachlässigung von Glaubensfragen wieder zum Ausgangspunkt des Nachdenkens über Gott ankommen: Wer findet sich nicht in dieser Erfahrung wieder!...

Manchmal mag es Ihnen so in verschiedenen Lebensabschnitten ergangen sein. Da hat sich Gott verborgen gezeigt in der leidenden und schweren Seite Ihres Lebens. Und doch war da Gott nahe, so, wie er sich uns in seinem leidenden Sohn am Kreuz gezeigt hat: als mitleidender und für uns leidender Retter, der hilft und Zukunft schenkt, weil des Vaters Liebe ihn nicht im Tod gelassen hat und weil die Auferweckung Jesu uns hoffen läßt.

„Du lässest mich erfahren viele und große Angst und machst mich wieder lebendig. Du holst mich wieder herauf aus den Tiefen der Erde. Du machst mich sehr groß und tröstest mich wieder."

Daß Gott uns heraufholt aus Tiefen, ist unser Trost, wenn wir auch an alle die denken, die schon vor uns heimgegangen sind. Sie sind heute nicht mehr unter uns. Aber Ihnen und uns ist Leben über den Tod hinaus bei Gott im Himmel verheißen – so, wie wir es Sonntag für Sonntag im Glaubensbekenntnis auch für uns aussprechen: „Ich glaube an Jesus Christus, der auferstanden ist, und an die Auferstehung der Toten und das ewige Leben."

Gott, der Herr und Richter ist über unser Leben, ruft uns ins Leben und aus diesem Leben. Er hat die Möglichkeit, uns trotz Widerwärtigkeiten und Tod mit seiner Liebe zu umfangen, zu leiten und zu führen.

Wenn Sie die vergangenen fünfzig Jahre noch einmal Tag für Tag bedenken vor diesem Gedanken des mitwandernden und mithelfenden Gottes, der mit in die Tiefen geht und wieder heraufholt und lebendig macht, sollten Sie da nicht staunend mit dem Psalmisten stehenbleiben und heute anbetend sprechen:

„Gott, deine Gerechtigkeit reicht bis zum Himmel, der du große Dinge tust. Gott, wer ist dir gleich?"

Wer ist Gott gleich, der uns nicht verstößt, obgleich wir in unserm Denken und Handeln ihn schon oft verlassen und enttäuscht haben? Wer ist Ihm gleich, der uns vergibt und uns immer wieder annimmt aus Gnade, wenngleich wir es nicht verdient haben? Wer ist Gott gleich, der uns nicht beurteilt nach dem, was wir geleistet haben im Leben und uns auch im Alter nicht fallen läßt?

Wo andere schon sagen, daß wir zum „alten Eisen" gehören, hört seine Liebe nicht auf.

Darum wollen wir Gott heute besonders bitten mit den Psalmworten und sprechen: „Auch im Alter, Gott, verlaß mich nicht." Das ist eine wichtige Bitte, jetzt, wo viele von Ihnen sich aus dem Arbeitsleben zurückziehen und sich auf den Ruhestand vorbereiten oder sich gar darin befinden. Manchem mag es Sorge bereiten, wie das werden wird. Manch' andere haben schon Pläne gemacht, was Sie alles noch unternehmen möchten. Und doch steht über allem die Bitte: „Gott, verlaß mich nun nicht." Verlaß mich nicht, wenn äußerlich und innerlich sich vieles in mir verändert. Verlaß mich nicht, wenn sich mein Alter bemerkbar macht, wenn ich manches anders oder langsamer als früher bewältigen werde.

Gottes Liebe und Zusage, die er Ihnen bei der Taufe und Konfirmation zugesagt hat, steht fest: Ein großes „Ja" steht über Ihrem Leben. Das läßt sie getrost nach vorne blicken und mit dem Psalmbeter auch die anderen Aufgaben erkennen, die Gott Ihnen zutraut und aufträgt.

So können sie Botschafter der Liebe Gottes sein. Das ist das erste. In Ihrem Familien- und Bekanntenkreis können Sie Botschaften von der Liebe weitergeben, in der Sie Gott begleitet hat. Auf die Weise, daß Kinder, Enkel und Urenkel hören von Gott und seinem Sohn Jesus Christus. Wer, wenn nicht Sie, könnte den Kindern vieles von dem weitergeben, was Sie damals gelernt haben an Geschichten aus den Evangelien, an Liedern und Gebeten. Und die sich im Laufe der Zeit an Ihnen bewahrheitet haben.

„Gott, du hast mich von Jugend auf gelehrt. Und noch jetzt verkündige ich deine Wunder, daß ich deine Macht verkündige Kindeskindern und deine Kraft allen, die noch kommen sollen."

Und das zweite ist, daß Sie in Ihren Gesprächen miteinander auch von dem Guten erzählen, das Sie von Gott geschenkt bekamen. Auch dieser Goldene Konfirmationstag ist so ein Tag, der Sie jubeln läßt . Es ist die Freude darüber, daß Sie da sind, daß Sie sich treffen können und wiedersehen nach so langer Zeit!

Daß Sie heute auch diese Seite entdecken und davon weitergeben an andere, das wünsche ich Ihnen. Darin erfüllt sich auch der Dank und die Freude vor Gott, wozu uns der Psalmist am Ende aufruft:

„So will ich dir danken mit Saitenspiel für deine Treue, mein Gott. Ich will dir zur Harfe lobsingen. Meine Lippen und meine Seele, die du erlöst hast, sollen fröhlich sein und dir lobsingen."

Matthäus 10, 28 – Erlösung für viele

Manche Aussagen der Bibel stehen wie ein Felsblock in der Landschaft. An ihm stoßen wir uns, und es dauert, bis er die ihm innewohnende Gestalt annimmt. Weil das so ist, lassen wir solch einen Stein des Anstoßes lieber links liegen und umgehen ihn – bis wir ihm ein zweites Mal begegnen.

Solch ein harter Brocken religiöser Rede ist der, daß Jesus als der Menschensohn diene und sein Leben gebe zu einer Erlösung für viele. Schon wenige Jahrzehnte nach der Entstehung des Matthäusevangeliums hat sich der unbekannte Verfasser des 1. Timotheusbriefes an dieser Formulierung gestoßen. Aus seiner Feder flossen die Worte, daß sich „der Mensch Christus Jesus selbst gegeben hat für alle zur Erlösung (1. Tim 2,5.6). Deutlich wird, womit er sich herumschlug: Hat Jesus sein Leben gegeben als Erlösung für viele oder für alle? Er hat sich entschieden für die Erlösung aller, weil er sich Gott nur vorstellen konnte als einen, der allen Menschen helfen will. Aber – und schon wird der Einwand hörbar – dann kann ich ja als Mensch machen, was ich will, wenn am Ende doch jeder erlöst wird. Wenn aber die Erlösung Jesu nur für viele gilt, was wird dann aus dem Rest? Weshalb werden die nicht erlöst? Wie paßt dieser Gedanke in das Bild des gütigen Gottes? Nehmen wir diese Fragen mit auf die Suche nach einer Antwort und fügen noch eine Frage hinzu: Was könnte denn mit Erlösung gemeint sein?

Ich habe ihnen zur Veranschaulichung dieses lange Seil mitgebracht. An ihm sind viele Knoten. Ich weiß nicht, wie es ihnen mit Knoten geht. Für mich sind sie eine Herausforderung. Ich kann, wenn ich mich einmal mit einem Knoten zu beschäftigen angefangen habe, nicht aufhören, bis ich ihn aufgedröselt habe, auch wenn das dauert und dauert. Da brechen manchmal Fingernägel ab, manchmal gerate ich in Wut, weil es nicht schnell genug geht. Dann schmeiße ich alles in die Ecke – um es im nächsten Augenblick wieder zu holen. Mit der Zeit lernt man dabei Geduld. Nach und nach hat sich auch Neugierde und so etwas wie erwartungsvoller Eifer eingestellt bei der Lösung neuer Knoten. Was aber geschähe, ließe sich ein Knoten nicht lösen?

Einen solchen Knoten habe es einst gegeben, erzählt eine alte Geschichte. Es war der Gordische Knoten. Keiner vermochte ihn zu lösen. Eines Tages kam der makedonische König und Heerführer Alexander, den man später aufgrund seiner Kriegserfolge den Großen nannte. Ihm wurde der unlösbare Gordische Knoten vorgelegt. Und er hat ihn gelöst – auf seine Weise. Er zog sein Schwert und schlug den Knoten entzwei. Seine Lösung war die Zerstörung. Diese Erzählung bewahrt etwas vom Wesen Alexanders. Wenn es ihm nicht schnell genug ging, konnte er sehr jähzornig werden, berichten seine Biographen. Und dann zerstörte er, nicht nur den Knoten, auch Menschen, seine Freunde, am Ende sich selbst.

Die Lösung Alexanders bestand aus Ungeduld und Gewalt. Daß er dennoch ganz andere Seiten hatte, ist auch überliefert. Und plötzlich erkennen wir, daß das Wesen dieses Mannes war wie der Gordische Knoten. Viele Züge und Seiten lagen nicht nebeneinander, waren vielmehr ineinander verwickelt auf eine schwer zu durchdringende Weise. Kein einfacher Mensch, einer mit vielen Knoten. Wer von uns Menschen ist ohne Knoten?

Noch deutlicher wird uns dieser Sachverhalt, wenn wir bedenken, daß das Fremdwort Komplex genau das wiedergibt, was wir mit Knoten meinen. Wie schwer ist es, sich im Stillen einzugestehen, Komplexe zu haben. Bezeichnen wir doch mit Komplex oftmals nur die Scheu, die Menschen im Miteinander haben. Von Draufgängern sagt man, sie haben keine Komplexe. Welch ein Irrtum.

Komplex ist, als habe eine Sache viele Seiten, nicht nur eine. Komplex ist, als seien viele Fäden ineinander verwickelt, nicht nur einer. Und ein Knoten ist eine Verdickung, Verhärtung. Auch in unserer Seele finden wir Knoten. Sie bestehen aus Lebenserfahrungen, die wir nicht verdauten. Unsere Seelenknoten wurden geknüpft aus verletzten Gefühlen. Sie bewahren die immer wiederkehrenden Fragen, auf die wir keine Antwort finden.

„Vor drei Jahren hat mich mein Mann verlassen", erzählt eine Frau. „Die Kinder sind aus dem Hause, jetzt habe ich auch noch große Probleme mit den Wechseljahren. Nach all den Jahren als Hausfrau fühle ich mich so ausgenützt. Meine Wut auf meinen Mann ist immer noch da. Immer wieder frage ich mich, was ich denn in der ganzen Zeit verkehrt gemacht habe?" Wann hat da in einer Beziehung zunächst unmerkbar begonnen, was in einem festgezurrten dicken Knoten endete? Wie ist er zu lösen? Und gibt es überhaupt eine Lösung?

Solche Lebensknoten hindern ja auch immer den Lebensfluß, schnüren Leben ab, ersticken es. Manche Menschen suchen in ihrer Not eine Lösung im Alkohol, andere greifen zu Tabletten. Manch einer stürzt sich mit seinen Knoten alsbald in eine neue Beziehung. Oft genug wird dann einem Knoten ein weiterer hinzugefügt, und hinter der scheinbar freundlichen Fassade zurren die verletzten Gefühle einen noch festeren Knoten. Spürbar wird das manchmal an dem Gefühl, es schnüre einem die Kehle zu. Erlebbar ist es an dem Druck, der auf einem liegt. Dann wird es eng in der Brust, das Herz droht zu zerspringen und Todesangst macht sich breit.

Oft genug sind die Knoten in unserer Seele nicht in einem Lebensfaden zu finden. Da ist es eher so, als seien viele Lebensfäden miteinander verknotet. Wir ahnen, daß wir uns eigentlich Zeit für uns nehmen müßten, um solche Knoten zu lösen. Wir spüren, daß das nicht ohne Schmerzen abgeht, weil kaum vernarbte Wunden dabei immer wieder aufbrechen. Geduld mit uns selber müßten wir haben und uns zugestehen die Wut und den Schmerz, den Zorn und die Enttäuschung, die Niedergeschlagenheit und den Hoffnungsschimmer. Es wäre wohl heilsam, standzuhalten in all unserer Schwäche und nicht zu fliehen. Es hülfe uns wohl, uns auf den langen Weg der Heilung einzulassen mit den möglichen Rückschlägen. Aber wie ginge denn das?

Der Evangelist Markus hat uns eine Geschichte aufbewahrt, die das verdeutlicht. Er erzählt von einer Frau, die zwölf Jahre unter Blutungen leidet, von Arzt zu Arzt läuft, all ihr Gut aufwendet. Am Ende ist es nur noch schlimmer geworden. Der Evangelist Johannes berichtet von einem Mann, der achtunddreißig Jahre am Teich Betesda auf seine Heilung wartet. Wie oft ist in dieser Zeit der Lebenswille der Menschen zu Asche verbrannt. Aber einmal wurde ihr Leben zum hellen Schein. Ihre Knoten lösten sich. Zur Erlösung wurde ihnen die Begegnung mit Jesus Christus.

Er diente, sagte Matthäus. In seiner Sprache heißt das, daß sich Jesus auf Menschen eingelassen hat. Es hat damit zu tun, sich bücken zu können und sich auszusetzen der Not der Menschen und auf sich zu nehmen all den Unrat, der wie eine Last auf den Seelen liegt. Jesus hat es einmal in die Worte gekleidet (Mt 5,41): Wenn dich jemand nötigt, eine Meile mitzugehen, so geh mit ihm zwei. Mit anderen Worten: Du sagst, welchen Weg wir gehen wollen, und ich gehe mit dir. Du wirst sagen, wie lange ich mitgehen soll, und ich werde mich darauf einrichten. Das nennt Matthäus dienen und sein Leben geben. Darin liegt Erlösung.

Es gleicht dem, was ein Mann erzählte: „Als meine Mutter durch einen schweren Schlaganfall zum Pflegefall geworden war, wollte sie gerne bis zum Tode zu Hause sein. Ich habe hart mit mir gerungen, was ich tun soll. Ich wußte nicht, für wie lange das sein wird. Ich wußte nicht, wie hart das wird und wie ich die Pflege und meine Schichtarbeit unter einen Hut bekomme. Ich wußte auch nicht, ob ich das kann, aber man lernt viel. Am schlimmsten waren die Nächte, wenn ich mehrmals raus mußte. Ich habe das aber über fünf Jahre nur geschafft, weil mir andere Menschen geholfen haben!"

Dienen, fünf Jahre seines Lebens opfern und dabei auch noch mit sich und seinen Lebensknoten klar kommen – am Ende erfahren es Menschen als eine Art Erlösung, weil sie sich auf lange Wege einließen.

Bisweilen will es mir scheinen, daß nicht alle Lebensknoten gelöst werden und gelöst werden können. Vielleicht brauchen wir im Angesicht Gottes auch nicht alle Knoten zu lösen. Wenn Menschen sich nach langen Leidensjahren mit ihren Lebensknoten abgemüht haben, dann fassen sie ihre Lebenserkenntnis manchmal in dem Satz zusammen: Man muß es nehmen, wie es im Leben kommt. Das ist keine Resignation, keine Aufgabe. Vielmehr dies: Manches war lösbar, anderes nicht. Ich will alles annehmen, daran wachsen und es in die Hände Gottes legen. Wohlgemerkt, das ist die Einsicht nach gegangenen Wegen, auf denen wir Hitze und Frost, Durst und Hunger ertrugen. Diese Einsicht kann nicht verordnet werden. Sie wird gemacht und wächst langsam heran.

Vielleicht liegt hier auch eine tiefe Lebenswahrheit. Mit manchen Verknotungen wachsen wir, nehmen sie in uns hinein, wachsen am Ende über sie hinaus. Wer sich selbst mit all seinen gelösten und ungelösten Knoten annehmen lernt, der spürt plötzlich, daß Gott ihn längst angenommen hat. So kommen wir los davon, alleine alles lösen zu müssen, weil Gott uns längst erlöst hat. Nichts wird da vergessen, aber alles vergeben. Nichts wird da ungeschehen gemacht, aber es reift geduldiges Wachsen. Erlösung für alle? Erlösung für viele? Ich lade dich ein, mit den Knoten in deinen Lebensfäden dich dem erlösenden Gott anzuvertrauen.

Gebet

Nichts ist so fadengerade, wie es den Anschein hat. Erst hinter den Fassaden entdecken wir, wie verknotet und verwirrt viele Lebensfäden sind. Und wenn sie uns mitten im Leben reißen, dann wollen wir an dir, o Gott, anknüpfen, damit wir Halt verspüren und nicht in den Dunkelheiten der Angst vergehen. Manchmal vergessen wir im Leben, daß du den Lebensfaden zu uns geknüpft hast. Um so mehr freuen wir uns, wenn wir ihn nach vielen Irrungen und Wirrungen wiederfinden. Das ist wie ein Geschenk deiner Nähe in verwirrten Zeiten. Auch wenn wir manches nicht zu enträtseln wissen, wollen wir uns deiner Güte anvertrauen. Und du, o Gott, wirst lösen, was uns unlösbar ist. Das ist unsere Hoffnung, die genährt wird durch Jesus Christus, unseren Heiland.

Johannes 15,1–11

Liebe Goldene Konfirmanden, liebe Gemeinde!

Im Nebel ruhet noch die Welt
noch träumen Wald und Wiesen.
Bald siehst du, wenn der Schleier fällt
den blauen Himmel unverfälscht,
herbstkräftig die gedämpfte Welt
in warmen Golde fließen.

Herbst ist es. Wir spüren es. Die Nächte werden kühler. Morgens hüllt der Nebel noch alles ein. Gegen Mittag kommt die Sonne, ist wunderbar warm, aber nicht mehr heiß und gleißend wie im Sommer. Kartoffeln werden gelesen, die Apfelernte beginnt. Wespen schwirren herbei, angelockt vom Duft des Zwetschenkuchens. Die Erde zeigt sich wieder gepflügt und stark. Die Farben werden wärmer. Sonnenblumen und Astern lösen Rosen und Margeriten ab. Bald wird das Laub sich in Rot und Braun färben. Die Kinder sammeln Kastanien. Auch der Wein wird reifen, genießt noch die letzten warmen Sonnenstrahlen, wird süß.

Es wird ein guter Jahrgang. Herbst ist es. Auch in Ihrem Leben. Sie schauen zurück, wie auf einer Bank sitzend, ein wenig wehmütig, auch zufrieden, so, als ob man in der Erinnerung noch einmal ein Stück ergreifen könnte von dem, was war, noch einmal das nachempfinden, was damals Herz und Gedanken bewegte: der Frühling des Lebens, die Konfirmation, die Jugend. So wie Frühling sein kann, so unbeschwert und lebenslustig war diese Jugend für Sie sicher nicht:

Aufgewachsen und erzogen in den Idealen des 3. Reiches, dann der Krieg, in dem mancher der Jungen sein Leben, kaum angefangen, schon beendete. Andere halfen zu Hause. Sie haben die Zerstörung des Landes, des Lebens und der Moral durch die Machenschaften und die Propaganda der Nationalsozialisten erleiden müssen.

Und so begann für Sie der Sommer Ihres Lebens mit der mühsamen Arbeit des Wiederaufbaus. So hieß es im Sommer Ihres Lebens sicher allzuoft arbeiten, arbeiten und nochmal arbeiten. Und Sie haben viel gearbeitet, viel geschafft, sich so einiges aufgebaut: eine Familie, vielleicht ein Geschäft, eine gute Arbeit, ein Haus oder so manche Erneuerung, so manchen Umbau am elterlichen Haus, eine eigene Existenz.

Nun ist es Herbst.

Sie schauen zurück.

In welches Leben sind Sie damals hineinkonfirmiert worden?

Was war das für ein Frühling des Lebens?

Bist du ein Christ? – Ja Herr.

Woher weißt du das? – Daher,

daß ich getauft bin auf den Namen unseres Herrn Jesus Christus und die christliche Lehre weiß und glaube. – So wurde man gefragt, und so wurde geantwortet.

Als Christen wurden Sie in ein Leben geschickt, das sich als sehr vielfältig erwies: so hart in der Kriegszeit, so mühsam in der Aufbauzeit, aber auch schön und glücklich in so mancher Stunde. Und dabei war manchem von Ihnen damals vielleicht noch nicht einmal klar, was das bedeutet, als *Christ* ein Leben zu leben; als Christ in der Welt zu stehen, als Christ den Alltag zu bewältigen, als Christ Entscheidungen zu treffen.

Nun ist es Herbst – und durch Frühjahr und Sommer Ihres Lebens sind Sie gereift, wissen nun mehr vom Leben selbst, von seinen Vorzügen und Nachteilen und wissen auch genauer, ob Sie die damaligen Konfirmationsfragen noch mit „ja" beantworten könnten. Wissen, ob dieser Glaube in Ihnen gewachsen ist, wissen, ob diese Wurzeln, damals noch zart gepflanzt, stark genug sind, Sie zu halten.

Ich habe für Sie im Herbst Ihres Lebens ein herbstliches Bildwort Jesu ausgesucht. Er sagt:

„Ich bin der Weinstock, ihr seid die Reben. Wer in mir bleibt und ich in ihm, der bringt viel Frucht, denn ohne mich könnt ihr nichts tun."

Jesus, dieser dunkle, knorrige Stamm, fast kahl, der so gar nicht schön und ordentlich ist, schief und krumm gewachsen, oft noch verdreht, wurzelt in der Erde. Jesus, der Weinstock, dessen Schönheit so gar nicht auf den ersten Blick zu sehen ist, die man erst erkennt, wenn man sich länger damit beschäftigt. Wenn man weiß, wieviel Kraft in diesem Weinstock steckt, wieviel Nahrung er geben kann, wie fest die Wurzeln sind, die einen sicheren Stand und eine gute Versorgung garantieren. Jesus, der Weinstock, der sichere Halt und die Nahrungsquelle für vielfältigste Blätterranken und Traubenreben.

„Ihr seid die Reben", sagt er. Wir sind die Reben, die verwurzelt sind durch diesen Weinstock, die ihre Existenz diesem Weinstock verdanken, die über diesen Weinstock ernährt und überhaupt erst zur Bestimmung gebracht werden. Und es stimmt natürlich, wenn wir in diesem Bild bleiben, was Jesus sagt: „Ohne mich könnt ihr nichts tun."

Wenn Sie sich nun erinnern zu Beginn des Lebensherbstes, und sich fragen: „War das so? Gab es da diesen festen Weinstock meines Lebens, der im Frühling die jungen, zarten Blätter wachsen ließ und die Blüte hervorbrachte? – Der Kraft zur Blüte hinzugab, Schönheit und Leichtigkeit der Blüte in sich barg? – Der einen festen Standort garantierte und einen Halt in der so angefochtenen, so zerbrechlichen Zeit der Blüte? Gab es da einen festen Weinstock meines Lebens, der im Sommer wieder Kraft gab zu wachsen, Früchte anzusetzen und zu reifen? Der trotz aller Dürre des Lebens immer noch genug lebenserhaltendes Wasser aus der Tiefe hervorholte? Und nun, im Herbst, ist das noch immer dieser feste Weinstock meines Lebens, an dem jetzt die Früchte, die Ernte meines Lebens, hängen?" Vielleicht können Sie nicht jede dieser Fragen mit „ja" beantworten. Wer denkt schon in seiner Jugend an Gott und weiß sich von ihm gehalten und getragen? Wer denkt schon, solange er noch alle Kraft und Gesundheit der Welt hat, an Gott und daran, daß alle Kraft von ihm kommt und er gerade für Unzulänglichkeiten da ist. Vielleicht ist Ihnen aber auch schon an irgendeinem Punkt Ihres Lebens ein Teil dieser Wahrheit aufgegangen. Vielleicht haben Sie schon irgendwann einmal etwas von diesem Weinstock erfahren. Vielleicht haben Sie gespürt, daß er tatsächlich da ist, daß da wirklich eine gute Nahrungsquelle ist, daß es wirklich einen zuverlässigen Halt gibt.

Nun ist es Herbst, Herbst Ihres Lebens, und Sie können die Früchte des Bleibens im Weinstock sehen und genießen. Übrigens ist dieses Bild ein schönes Bild von der überreichen Liebe Gottes. Denn: Was sind denn die Früchte dieses Weinstocks? Süße Trauben, geeignet, sie so zu essen oder süßen Saft zu machen, guten Wein oder auch Rosinen. Alles Dinge, die wir genießen, die uns das Gute des Lebens unterstreichen, die uns das Essen und so manche Feier veredeln, und die so ein Stück der überreichen Güte Gottes auf Erden verdeutlichen.

Im Herbst dürfen wir diese guten Früchte genießen. Ich möchte nun am Ende dieser Predigt auf eine Jahreszeit hinweisen, die es auch im Leben gibt und die nicht vergessen werden soll. Der Winter. Natürlich folgt auf den Herbst der Winter. Natürlich werden die Früchte des Weinstocks geerntet, natürlich fallen auch die Blätter. Der Stock bleibt, knorrig und kahl. Der Winter des Lebens, die Zeit des Sterbens und Vergehens, wird auch kommen. Und vielleicht ist Ihnen schon angst davor. Vielleicht breitet sich ein Schleier von Traurigkeit aus über Gedanken des Abschieds und des Loslassens. Wo ist da der Halt? Wo ist da die Kraft?

Das Bild des Weinstockes bleibt auch im Winter des Lebens. Dieser knorrige, kahle Stock, so häßlich wie der Tod selbst, bleibt durch jeden Winter hindurch. Es sieht zwar so aus, aber er vergeht nicht. Er behält weiterhin Leben in sich. „Wer in mir bleibt und ich in ihm ..."! Da ist der Halt, da ist die Kraft für den Winter des Lebens, sonst nirgends.

Liebe Goldene Konfirmanden! Wir haben heute mit dem Bild des Weinstocks eine Gedankenreise durch die Jahreszeiten des Lebens gemacht. Immer und immer, egal ob Frühling, Sommer, Herbst oder Winter, bleibt dieser Weinstock. Immer und immer bleibt dieses Angebot Gottes, in ihm zu sein und aus ihm zu leben.

Das haben Sie in vergangenen Zeiten erlebt, und das soll Sie auch weiterhin in Ihrem Leben begleiten. Möge Gott Ihnen gnädig sein und Ihnen einen langen, frohen, warmen und goldenen Herbst des Lebens schenken.

VIII. Predigten
zur Diamantenen Konfirmation

1. Mose 28,12–19a

Wann, liebe Diamantenen Konfirmandinnen und Konfirmanden, sind Sie das letzte Mal Stufen hinauf- oder hinabgestiegen? „Jeden Tag laufe ich Stufen hinauf und hinab!", werden Sie antworten. Stufen sind Grundelemente der Architektur: aneinandergereihte Stufen in beliebiger Zahl bilden eine Treppe. Mit Treppenstufen überwinden wir Höhenunterschiede.

Aber Treppenstufen haben nicht nur eine Funktion. Sie sind auch Symbole. In Märchen z. B. verbirgt sich am Ende von Treppen oft ein Geheimnis. Im Musical „Anatevka" träumt der Milchmann Tevje von einem großen Haus voller Treppen, die in reichgefüllte Räume führen, in denen man das Leben genießen kann. Auf der Treppenpyramide von Chichen Itza, einem religiösen Heiligtum der Maya in Südamerika, führen 364 Stufen – für jeden Tag des Jahres eine – zum Höhepunkte, dem Thron der Sonne. In der Bibel träumt Jakob von der Himmelsleiter, eine Verbindung zwischen Himmel und Erde, auf deren Stufen die Engel hinauf- und hinabschreiten.

Seinen Traum hören wir heute als Predigttext, seiner Bedeutung für unser Leben wollen wir nachspüren. Zum besseren Verstehen rufe ich uns die Vorgeschichte kurz in Erinnerung. Jakob hatte seinen Bruder Esau um das Erstgeburtsrecht und den Segen des Vaters Isaak betrogen. Jakob ist clever: er drängelt sich vor, mogelt sich durch, sucht seinen Vorteil. Jakob: sein Name ist Programm: „Dieb in der Nacht" bedeutet er in unserer Sprache. Doch nun ist das Maß voll: arglistige Täuschung, Diebstahl, Betrug. Sein Bruder Esau schmiedet Mordpläne. Jakob flieht 80 Kilometer weit durch eine bergige Wüstenlandschaft. Müde und von Dornen zerkratzt, hungrig und durstig, sucht er eine Stätte zum Ausruhen. Als Kopfkissen rückt er sich gerade noch einen Stein zurecht, bevor ihm vor Erschöpfung die Augen zufallen.

LESUNG: 1. Mose 28,12–19a

Das verstehe, wer will. Ist Gott von allen guten Geistern verlassen, fragt man sich, daß er so einem wie Jakob, einem Gauner und Lumpenhund, nicht die verdiente Strafe zukommen läßt, sondern sich ihm zuwendet und ihm sogar noch eine große Zukunft verspricht? Andererseits, daß Gott mal wieder Gnade vor Recht ergehen läßt, bedeutet nicht nur für Jakob einen Neuanfang. Hat möglicherweise das, was Gott Jakob erleben läßt, auch Gültigkeit für unser Leben?

Auch nach völlig verkorksten Versuchen, im Leben zurechtzukommen, so höre ich aus dieser Geschichte, ist ein neuer Anfang möglich, gibt es eine neue Chance. Bei Gott jedenfalls. Und was für Jakob gilt, wird doch wohl auch für uns Geltung haben, oder?

Auch wenn Jakob vor vielen hundert Jahren lebte – wir spüren jetzt, daß es Berührungspunkte gibt zwischen ihm und uns. Jakob ist ein Mensch mit Fehlern. Dennoch kommt Gott ihm nahe, dennoch wird ihm eine Zukunft verheißen. Auch wir sind fehlerhaft, versuchen uns hier und da mit kleinen Tricks Vorteile zu sichern. Dennoch kommen wir immer wieder davon, können immer wieder neue Anfänge machen.

(Hier ist Raum für biographische Anknüpfungen)

Jakob war ziemlich weit unten, als er seine Erfahrung mit Gottes Nähe machte. Auch in unserem Leben gibt es schwierige Zeiten und kritische Momente, in denen wir Mut und Kraft zum Durchhalten nicht in uns selbst finden, sondern uns getragen und geborgen wissen in Gottes gütiger Hand.

(Raum für biographische Anknüpfungen)

Jakob sehnt sich trotz oder vielleicht auch gerade wegen seiner Vergangenheit nach Zuwendung, Geborgenheit und Liebe. Auch wir sind Menschen, die ohne Segen, ohne Zuwendung, Geborgenheit und Liebe nicht sein können.

(Raum für biographische Anknüpfungen)

Jakob wünscht sich, daß Gott ihm nach seinem Traum nahe bleibt. Doch die Zweifel an Gott und seinem Weggeleit kehren in dem Augenblick zurück, wo der Traum vorüber ist. Auch wir sind immer wieder von Zweifeln geplagt, ob es denn wirklich wahr ist, daß Gott uns durch unser Leben geleitet, in Freud und Leid uns nahe ist. So oft spüren wir so wenig von ihm.

(Raum für biographische Anknüpfungen)

60 Jahre ist es nun her, liebe Diamantenen Konfirmandinnen und Konfirmanden, als Sie hier, vor diesem Altar eingesegnet wurden, die Zusage Gottes für sich persönlich gehört haben:

„Siehe ich bin mit dir und will dich behüten, wo du hinziehst, und will dich wieder herbringen in dies Land. Denn ich will dich nicht verlassen, bis ich alles tue, was ich dir zugesagt habe."

Heute, 60 Jahre später, ist es Zeit zu überprüfen, ob, wann und wie diese Zusage in Ihrem Leben Geltung hatte. Und es ist Zeit, für die Zukunft diese Zusage neu zu erbitten. Bei diesem Blick auf Vergangenheit, Gegenwart und Zukunft Ihres Lebens hilft Ihnen möglicherweise das Symbol der Leiter- oder Treppenstufe.

Das erste, was mir dazu einfällt, ist eine Redensart meiner Großmutter. Sie sprach oft davon, daß der Mensch alle sieben Jahre eine neue Stufe auf der Lebensleiter erklimmt. Gemeint war wohl damit, daß sich die körperliche und geistige Entwicklung eines Menschen stufenhaft vollzieht. Die Verknüpfung mit der Zahl sieben, der Zahl der Vollkommenheit (vgl. Schöpfung), deutet darauf hin, daß jede Lebensstufe einem in sich abgeschlossenen Lebensabschnitt vergleichbar ist.

(Auch hier sind biographische Anknüpfungen möglich.)

Als nächstes möchte ich Ihren Blick auf die Stufe lenken, auf der Sie vor 60 Jahren hier vor dem Altar gekniet haben und eingesegnet wurden. Vielleicht erinnern Sie sich noch an das Gefühl, das Sie damals ergriffen hat. Die Stufe war dabei das Verbindungsglied zwischen Gottes Segenszusage und Ihrem Leben. Gewiß hat es danach andere Stufen -auch im symbolischen Sinn- gegeben, auf denen Sie, kniend oder aufrecht stehend, Ähnliches verspürt haben, und die es darum wert sind, daß Sie sich heute daran erinnern.

(Raum für biographische Anknüpfungen)

Ich möchte dazu von einem Spaziergang über einen Friedhof erzählen. Ich gehe gern dort spazieren, ich spüre dem tiefen Frieden und der Ruhe nach, der von diesem Ort ausgeht. In einem sanften Hang eingebettet, reihen sich die Gräber in Terrassenform übereinander. Um in die oberste Reihe zu gelangen, muß ich eine breitangelegte Treppe ersteigen. Eine Plattform auf jeder Terrasse gewährt Platz zum Innehalten, Schauen und Atemholen. So steige ich höher und höher. Hinter der zuoberst liegenden Grabreihe zieht sich eine grüne Wiese bis zu der Hecke, die den Friedhof umgibt. Dort laden Ruhebänke zum Verweilen ein. Während meine Augen über den Friedhof und das Dorf im Tal wandern, gerät fast selbstverständlich auch das eigene Leben in den durch die Aussicht geweiteten Blick. Stufe um Stufe war ich, von Pausen unterbrochen, hinaufgestiegen, ganz wie im Leben. Oben angekommen, konnte ich ausruhen. Das helle Licht der Sonne umfing und wärmte mich. Als ich dort oben saß, fiel mir ein, daß manche Indianer, wenn sie ihren nahenden Tod ahnen, auf einen Berg steigen. Sie gehen ihm Stufe um Stufe entgegen, so wie man auf einen guten Freund zugeht. Ob ich das dereinst auch kann?

Es war der Dichter Hermann Hesse, der für diesen stufenreichen Weg durchs Leben folgende Worte fand:

Wie jede Blüte welkt und jede Jugend
Dem Alter weicht, blüht jede Lebensstufe,
Blüht jede Weisheit auch und jede Tugend
Zu ihrer Zeit und darf nicht ewig dauern.
Es muß das Herz bei jedem Lebensrufe
Bereit zum Abschied dein und Neubeginne,
Um sich in Tapferkeit und ohne Trauern
In andre, neue Bindungen zu geben.
Und jedem Anfang wohnt ein Zauber inne,
Der uns beschützt und der uns hilft, zu leben.

Wir sollen heiter Raum um Raum durchschreiten,
An keinem wie an einer Heimat hängen,
Der Weltgeist will nicht fesseln uns und engen,
Er will uns Stuf' um Stufe heben, weiten.
Kaum sind wir heimisch einem Lebenskreise
Und traulich eingewohnt, so droht Erschlaffen,
Nur wer bereit zu Aufbruch ist und Reise,
Mag lähmender Gewohnung sich entraffen.
Es wird vielleicht auch noch die Todesstunde
Uns neuen Räumen jung entgegensenden,
Des Lebens Ruf an uns wird niemals enden...
Wohlan denn, Herz, nimm Abschied und gesunde!

Wir erkennen jetzt: Stufen sind Symbole für das Auf und Ab unseres Lebensweges. Sie führen in den Himmel und kehren zur Erde zurück. Wer sie begeht, hat seinen Blick in der Regel nach vorn gerichtet, ganz gleich, ob es hinauf oder hinab geht. Auch das ist wie in unserem Leben, das uns niemals zurück führt. Zurück hingegen reicht die Erinnerung, wenn wir auf einer Stufe innehalten.

Das Innehalten ist wichtig, vor allem, wenn der vor einem liegende Weg beschwerlich erscheint. Man holt tief Luft und schöpft neue Kraft. Erst dann kann es weitergehen. Mitunter dauert das Ruhen auch etwas länger. Die stille Erinnerung an das Vergangene schenkt neue Kraft, macht das Weiterschreiten möglich. Und so geht es weiter, hinauf oder hinab – wer weiß das letztlich schon so genau – im stillen Vertrauen und der Hoffnung, daß der Weg der Richtige und die Aufgabe eine zu bewältigende ist.

Manchmal brauchen wir Halt auf den Treppenstufen des Lebens; dann suchen wir Stütze am Geländer der Hoffnung. Manchmal scheinen die Stufen unbegehbar zu sein. Dann suchen wir Halt im Seil des Vertrauens. Wenn dann die Nacht kommt und der Fuß uns nicht mehr sicher schreiten läßt, dann dürfen wir uns fallen lassen ins Netz der Liebe Gottes. Seine Zusage gilt. Damals für Jakob, heute für uns:

„Siehe, ich bin mit dir und will dich wieder herbringen in dies Land. Denn ich will dich nicht verlassen, bis ich alles tue, was ich dir zugesagt habe."

Psalm 1

„Hast du Kinder, hast du keine, im Alter bist du doch alleine!"
Resigniert klingen die Worte aus dem Mund des allein lebenden
Mannes. Mit seiner Frau hat er auch seine Hoffnungen beer-
digt. Das Alter ist nicht trübe, weil darin unsere Freuden, sondern weil unsere Hoffnungen aufhören, meinte Jean Paul, der
deutsche Schriftsteller. Wie leben wir das Alter?

„Warum hacken sie den alten Apfelbaum nicht einfach um?
Er bringt ja doch kaum Früchte." Der Mann neben mir im Pfarr-
garten hat recht, jedenfalls vom wirtschaftlichen Standpunkt
aus gesehen. Eigentlich war er gekommen, um eine Bescheinigung
zu holen. Aber dann blieb er bei mir stehen. Erst unterhielten
wir uns über den Einsatz von Mist in unserem Grabgarten.
Dann stand plötzlich der alte Apfelbaum im Mittelpunkt.

Einer meiner Vorgänger hatte ihn vor Jahrzehnten gepflanzt.
So ernte ich, wo andere gepflanzt haben, und was ich anpflanze,
wird anderen reiche Ernte bescheren. Wir geben einander weiter
über Generationen. Und das ist gut so. Dieser Apfelbaum gehört
zu einer alten Sorte, die längst nicht mehr auf dem Markt ist.
Das ist schade, denn mit jeder Sorte, die nicht mehr da ist, ver-
schwindet auch etwas Einmaliges. Die Äpfel schmecken im
Herbst nicht und zu Weihnachten immer noch nicht. Aber so
im Januar und Februar backen wir mit ihnen eine schmack-
hafte Apfeltorte. Im Laufe der Jahre sind nur ein paar Äste geblieben, die noch tragen. In den anderen wohnt der Wurm,
und die Spechte freuen sich über ein Betätigungsfeld.

Weil der Baum kaum noch trägt, hätte eigentlich längst die
Axt an seine Wurzeln gehört. Für mich aber ist er zu einem
Sinnbild unseres Lebens geworden. Muß man alles nur nach
Kosten und Nutzen beurteilen? Sägt man ab, was alt und
morsch geworden ist? Wer allein auf die blattlosen Äste schaut,
der mag so urteilen. Wer aber auf die Knospen achtet, die in
jedem Frühjahr an den wenigen Ästen aufbrechen, dem offenbart
sich ein kleines Wunder. Dann duftet zarter Geruch von wei-
ßen Apfelblüten in der Kühle einer Maimorgens durch den Garten. Immer wieder lockt er Insekten an. Später trägt er Früchte,

und nach langer Reifezeit entfaltet sich der Geschmack von Leben. So etwas muß Joseph von Eichendorff vor Augen gehabt haben, als er sein Gedicht „Wünschelrute" verfaßte:

> Schläft ein Lied in allen Dingen,
> Die da träumen fort und fort,
> Und die Welt hebt an zu singen,
> Triffst du nur das Zauberwort.

So gehen viele Menschen an diesem Baum kopfschüttelnd vorüber, die einen staunend, die anderen aus Unverständnis, weil solch ein Baum noch steht. Warum müssen wir Menschen bloß immer wieder korrigierend in die Kreisläufe der Natur eingreifen? Erst geht es an die Bäume, dann an die Menschen. Wer nicht mehr gebraucht wird, wird buchstäblich abgesägt. „Regelrecht abgesägt haben sie mich", sagt ein Mann, kaum fünfzig Jahre alt. Krank wurde er, verlor seine Arbeitsstelle. Die vom Leben an Leib und Seele Gezeichneten verlieren ihren Wert, weil sie allein nach ihrer Nützlichkeit beurteilt werden. Leistung muß sich lohnen, sagt man und wundert sich dann, daß sich für den bald nichts mehr lohnt, der keine Leistung mehr bringen kann. Fragt die, die gerne arbeiten würden, zu den Langzeitarbeitslosen gehören, mittlerweile als schwer vermittelbar gelten, und erinnert euch an eure Kindheit und an eure arbeitslosen Väter. Der Standort Deutschland ist kein guter Standort mehr für die Schwachen und Einsamen. Immer mehr werden sie entwurzelt. Immer mehr wird ihrem Lebensboden die Nahrung entzogen.

Die Laufzeiten der Maschinen bestimmen die Laufzeit der Menschen, bestimmen, wer lange Früchte bringen kann und darf. Nimmt der Ertrag ab, dann wird unsere Arbeitsberechtigung auf die Summe der Lohnnebenkosten reduziert. Wie soll das nur noch weitergehen?, fragen Menschen oft.

Bleiben wir bei unserem alten Apfelbaum. Welche Lebensberechtigung hat er? Oder bin ich als Pfarrer nur sentimental, wenn der alte Apfelbaum in unserem Garten mir zu einem Sinnbild für das Leben geworden ist?

Der Mensch ist wie ein Baum. Diese Aussage steht im Mittelpunkt des ersten Psalms. Er ist so etwas wie eine Überschrift zu den folgenden 149 Psalmen. Wie ein Tor ist er und öffnet uns den Zugang zu der Bilderwelt der Psalmen. Es ist erstaunlich, wie tief diese Bilder in unserer Seele verwurzelt sind. Deshalb lade ich dich jetzt ein, deine Augen zu schließen, dich der Stille dieses von Gott umgebenen Raumes anzuvertrauen und die alten Psalmworte an deine Seelentür klopfen zu lassen. Sie werden längst vergessene, gleichwohl vertraute Bilder in dir wachrufen. Laßt uns jetzt in der Stille den Worten des Psalmes 1 lauschen.

LESUNG: Psalm 1

Was Spreu ist, war euch bekannt, als ihr konfirmiert wurdet. Wenn ich heute mit Konfirmanden den Psalm meditiere und lerne, muß ich ihnen das erklären. Das Wort stammt aus einer Arbeitswelt, die ihnen nicht mehr vertraut ist. Dann aber weckt das Bild vom Menschen, der wie Spreu ist, Vorstellungen und Erfahrungen. Es erzählt von haltlosen Menschen, die vom Wind verweht sind. Es weiß um aufgescheuchtes Leben, das in alle Himmelsrichtungen zerstreut ist. Spürbar wird eine Oberflächlichkeit von Leben, in der wir uns ziellos treiben lassen, ruhelos von einem Nervenkitzel zur nächsten Aktivität eilen; und manchmal dämmert uns, daß wir dabei auch Gott los geworden sind.

Manchmal zwingt uns Gott zum Innehalten. Dann erinnern wir uns in all unserer Traurigkeit. „Mein Konfirmationsspruch hieß: Die Frucht der Gerechtigkeit ist ein Baum des Lebens (Spr 11,30a). Er ist für mich wie zu einem roten Faden durch mein Leben geworden", sagt eine Frau. Manch ein anderer erinnert sich an Lieder, an Gebete und Psalmen. Im Erinnern und Wiederholen prägen sie sich tief in uns ein, sind da, wenn wir die Augen schließen, und entfalten eine große Kraft von Beruhigung. Wer die Weisungen Gottes murmelnd vor sich hinspricht – immer wieder –, der ist wie ein Baum an den Wasserläufen.

Diese murmelnde Besinnung können wir in unserer Sprache mit Meditation wiedergeben. Wir schließen die Augen, werden still, falten die Hände und konzentrieren uns: Wir suchen unsere Mitte. Dann tauchen aus der oft beschworenen Erinnerung die alten Worte auf. Die Wiederholung ist der Versuch, dem Vergessen zu wehren. Oft genug beginnen wir, aus den vertrauten Worten Neues zu hören, als würden sich unsere Ohren einem Klang öffnen, der schon immer da war, aber erst in bestimmten Situationen zu vernehmen ist. Mit unserem Leben wächst auch unser Verstehen. Das schafft eine eigentümliche Gewißheit, und etwas von der Nähe Gottes beginnt in uns zu steigen wie das Wasser, welches die Baumwurzeln aufsaugen und das dann bis zum letzten Blatt in der Krone transportiert wird. Wir leben und spüren einen unsichtbaren Halt in den Stürmen des Daseins.

Das hat mir ein älterer Mann auf seine Art vermittelt. Ich traf ihn in unserem Wald, als ich auf dem Weg war zu einer Beerdigung in der Nachbargemeinde. Still schauend stand er da. Was er denn da sehe, fragte ich ihn. Er zeigte auf zwei große Buchen, deren Kronen zusammengewachsen waren. Unter ihnen wuchsen in einer Schonung lauter kleine Buchen heran. „Es ist wie im Leben", sagte er. „Je älter man wird, um so einsamer wird man. Fast alle, die mit mir groß wurden, leben nicht mehr. Die jungen Leute im Dorf kenne ich kaum noch. Wenn meine Frau oder ich sterben werden, dann steht nur noch ein Baum alleine da. Aber ohne diese beiden großen Bäume gäbe es all die kleinen Buchen nicht, und unter ihnen haben sie ein wenig Schutz!"

Wie das bei ihm ineinander ging, das Reden von dem Bäumen und von seinem Leben. Da waren ineinander verwoben diese Bilder im Wald mit all seiner Wehmut und Traurigkeit und einem guten Stück Zufriedenheit. Es klang wie bei Menschen, die langsam Abschied nehmen. Hier hatte er in einem Stück Natur sein eigenes Dasein entdeckt, und auf eine wundersame Weise scheint es ihm Trost gespendet zu haben.

Unser Leben wird vorwärts gelebt und rückwärts verstanden, sagt eine Volksweisheit. Dazu gehört auch, daß wir schätzen, was an uns noch grünt. Was an uns abgestorben ist, wollen wir gehörig betrauern. Und beides laßt uns Gott ans Herz legen.

Gebet

Herr, unser Gott, wir wissen, daß unser Leben schnell vergeht. Aber wie schnell es vergeht, erfahren wir erst, wenn wir alt geworden sind. Je älter wir werden, um so schneller fliegen die Jahre dahin. An unserem Körper spüren wir, wie schwer uns das wird, was gestern noch leicht ging. Unser Atem wird kürzer, unsere Schritte auch. Öfter müssen wir uns eine Pause gönnen. Dann halten wir inne und öffnen uns den Erinnerungen. So auch heute an unserer Diamantenen Konfirmation. Unsere Zahl hat sich im Laufe der Zeit gelichtet. So mancher von uns ist schon nicht mehr. Das erfüllt uns mit Wehmut. Wir aber dürfen noch zusammen sein. Wir wissen nicht, warum das so ist. Deshalb wollen wir es annehmen, wie es ist. Wir sagen dir „danke" für alle Freuden und alle Traurigkeiten. An dir halten wir fest wie ein Baum, der mit seinen Wurzeln in der Tiefe Halt findet. Nach dir strecken wir uns aus wie ein Baum, der in den Himmel wächst. Wir haben versucht, Früchte zu bringen. Manche Frucht durfte reifen, manche blieb taub. Dir öffnen wir unser Herz und wollen unserer Freude und unserem Kummer Flügel verleihen, daß sie fliegen bis zu dir.

Jeremia 17, 7–8

So wie dieser Baum, so bin ich. Leise kommen die Worte aus dem Mund der Frau. Etwas über 70 ist sie und seit einem Vierteljahrhundert an den Rollstuhl gebunden. Da sitzt sie nun, hinter sich den jungen Mann, der sie ausfährt, vor sich einen alten Eichbaum. Er sieht so aus, als hätte Caspar David Friedrich vor ihm gesessen und ihn als Vorbild genommen für sein bekanntes Gemälde. Nur der Schäfer mit seiner zerstreuten Herde ist nicht da. Ihren Begleiter hat sie bei der Ausfahrt gebeten, vor diesem Baum innezuhalten. Dann standen sie da, still und gedankenverloren, und er wagte nicht, zur Weiterfahrt zu drängen, als fühle er, was da im Inneren der Frau vor sich ging. So richtet auch er seinen Blick auf den Baum.

Eine alte Eiche mit mächtigem Stamm wurzelt da vor ihm auf der Wiese, einer dieser Hutebäume, der Tieren und Menschen Schutz bot vor Regen und Schatten spendete in der Hitze des Tages. Gleichwohl stand er jetzt nicht mehr in voller Kraft, hatte sichtbar gelitten im Laufe der Jahrhunderte, war arg mitgenommen und zerzaust von den Stürmen des Lebens und hatte doch Wind und Wetter standgehalten. Aber das war nicht das Einprägsamste. Die Äste der Eiche – die Äste schlugen den Betrachter in ihren Bann. Es war, als wüßten sie von der Vergänglichkeit des Lebens zu erzählen alleine durch die Art, wie sie stumm sich in den Himmel reckten. An den meisten Ästen wuchs kein Blatt mehr. Morsch und faul waren einige geworden. Andere waren abgebrochen. Vorzeiten hatte ein Blitzschlag den Stamm gespalten, und diese Wunde war noch längst nicht verheilt. Im Alter geht das nicht mehr so schnell. Aber an ein paar Ästen waren im Frühjahr wieder Blätter getrieben. Da grünten die Blätter, umgeben von kahlem, morschem Holz, und kein Mensch hatte mit der Säge Baumkosmetik betrieben, die faulen Äste etwa abgesägt oder den ganzen Baum gefällt. Er stand da, immer noch aus der Tiefe versorgt von Wurzeln, und lebte. Und dann fallen Worte in die Stille: „So wie dieser Baum, so bin ich!" Da läuft ein Schaudern über den Rücken, zu sagen weiß man nichts. Und das ist gut so.

Die Gedanken nehmen diese wenigen Worte auf und fangen an, sich eine Richtung zu suchen. Ja, sagen sie, so ist es. Wie viel in deinem Leben ist schon kaputt gegangen, wie viel an Hoffnungen und Wünschen schon abgestorben. Und doch – trotz allem – etwas lebt immer noch in dir, das kann man dir abspüren. Dann kehren sie zu der Frau in dem Rollstuhl zurück. Die Augen öffnen sich und sehen die Frau anders, auch den Baum, wandern hin und her und staunen.

Was hat da ein Mensch erkannt und geschaut, gezeichnet vom Leben, mitgenommen vom Leid, getroffen vom Blitz der Krankheit in einem einzigen Augenblick? Nur ein betroffener Mund kann solche Worte aussprechen: „So wie der Baum, so bin ich!" Geboren wurden sie in der Seele, wuchsen langsam heran, fingen an zu reifen in den qualvollen Stunden des Grübelns und Fragens, wurden als Antwort verworfen, weil es weh tat, die Schläge des Lebens einzustecken, und noch weher, sich mit ihnen abzufinden. Eines Tages waren sie reif geworden, sprengten die harte Schale und konnten geäußert werden. Nur aus dem betroffenen Mund wirken sie wahr. Aber nicht nur das. Auf eine unsagbare Art wohnt ihnen Trost inne. Es ist, als wäre im Herzen eines Menschen etwas standhaft und fest geworden, habe Festigkeit verliehen einem gezeichneten Leben, auch Standhaftigkeit, ohne die wir entwurzelt würden.

Da hat sich eine Erkenntnis ganz tief in die Dunkelheiten hineingearbeitet, ist geworden wie das feine und feste Wurzelwerk, das Halt gibt und aus den unsichtbaren Tiefen mit Lebenswasser die Bereiche versorgt, die noch leben müssen und leben möchten.

„Gesegnet der Mensch, der sich mit Gott sichert. Gott ist seine Sicherheit", sagt der leidgeprüfte Prophet Jeremia. Wer das Leben dieses geschundenen und einsamen Priestersohnes aus dem Jerusalemer Vorort Anatot aus den überlieferten Schriften zusammenpuzzelt, der ahnt den Schmerz, der diese Worte gebar. Geschunden und geschlagen läßt er sich auf Gott ein, um all seinen Gram, seine Wut und Verzweiflung vor Gott auszuschütten. Von Gott zu seinem Mund gemacht, spart er nicht mit Worten und hadert mit Gott, wenn das göttlich Feuer ihn zur Asche werden läßt.

Wer von außen auf gesunden Beinen, mit seiner Seele in der Sonne wohnend, solche Worte vernimmt, der fragt unwillkürlich: „Wo ist Gott die Sicherheit eines Menschen, wenn der so leidet?"

Und dann hören wir staunend: „Gesegnet der Mensch, der sich mit Gott sichert ... Der ist wie ein Baum", und: „So wie der Baum, so bin ich!"

Da leiden sich Menschen durch alle Dunkelheiten hindurch, umgeben von dem Wunsch, am liebsten tot zu sein, verfolgt von dem Druck der Angst, nicht einmal mehr in sich selbst zu Hause – und finden doch Halt und Ruhe. Das können wir ablesen. Aber die Wege dorthin! Erst wenn wir sie selbst gehen müssen, werden wir wohl zu verstehen beginnen.

So wächst in Menschen eine Kraft heran, die es ihnen ermöglicht, ihren dunklen, glanzlosen Augen für Augenblicke von dem eigenen Leid abzuwenden und aufzuschauen. Bäume sehen sie zunächst, nichts als Bäume. Mit einem Male fangen Bäume zu erzählen an. Der eine weiß von der Verletzbarkeit der Rinde zu erzählen, der andere von dem Ast, den man nicht absägen soll, weil man selbst auf ihm sitzt. Und ein dritter kündet davon, daß man einen alten Baum nicht mehr verpflanzen soll. Einmal dann durchzuckt uns die Erkenntnis wie ein Blitz. Da steht ein Baum in der Landschaft, als wäre er das Spiegelbild der eigenen Seele. Längst ist er uns vertraut, aufgestiegen in den vergessenen Träumen, vor unserem geistigen Auge erschienen in den wenigen Stunden der Stille. Es gibt Entsprechungen zwischen der Innenwelt und Außenwelt, die uns erschrecken und erstaunen zugleich: So wie der Baum, so bin ich! Da liegt wohl auch der Grund, weshalb Caspar David Friedrich meinte. „Man darf als Maler nicht malen, was man vor sich sieht, man muß malen, was man in sich sieht. Wenn man aber nichts in sich sieht, so soll man auch nicht malen, was man vor sich sieht!"

Auffälligerweise gelingt es immer wieder Menschen, auf die wenigen grünen Stellen ihres Lebens zu schauen, um unter all den abgestorbenen Lebensteilen die zu entdecken, die noch wachsen. Es ist auch das Umgekehrte denkbar. Wir erleben es immer wieder. Dann richten wir unsere Blicke allein auf die morschen und faulen Seiten des Lebens. Irgendwie lähmt uns das, läßt den Fluß der Lebenskräfte aus der Tiefe bis in die lichten Höhen nicht mehr gelingen.

Auf der anderen Seite halten da Menschen etwas im Fluß, wecken unter all dem Verfaulenden neue Lebenskräfte, finden, wo sie gar nichts mehr haben, Sicherheit in Gott. Eine seltsame Ausstrahlung geht von diesen Menschen aus, als wüßten sie um das Geheimnis, das wir Gott nennen.

Eine Frage ist darin verborgen, der ich nicht ausweichen möchte. Sie ist ein geheimes Thema in vielen Büchern des Alten Testamentes: Der Mensch lernt im Leiden. Oder der Mensch lernt durch Leiden. Sie spüren, wie unsicher mich diese Gedanken machen. Aber ich kann sie ja nicht einfach zur Seite schieben. Es liegt mir fern, ihnen ein „Lerne-leiden-ohne-zu-klagen" als Trost zu unterbreiten. Aber die Frage bleibt, wie wir mit unserem Leid umgehen, ohne es zu umgehen? Ich wünsche ihnen, daß sie nach ihrem Lebensbaum suchen und aus frohem Herzen Worte von Paul Gerhardt singen:

> Mach in mir deinem Geiste Raum,
> daß ich dir werd ein guter Baum,
> und laß mich Wurzeln treiben…
> Erwähle mich zum Paradeis
> und laß mich bis zur letzten Reis
> an Leib und Seele grünen…

Gebet

Herr, mein Gott, wie viele Wege bin ich gegangen, habe das Leben genommen, wie es ist, und mir kaum Gedanken gemacht. Selbstverständlich, daß ich morgens gesund aufstehen konnte. Total normal, daß ich abends im Bett Schlaf und Ruhe fand. Das mußte alles so sein. Erst die Dunkelheiten des Lebens haben mir die Augen geöffnet. Da stand ich oft in meinem Zimmer, drückte mir die Nase an der Fensterscheibe platt und beneidete die, die draußen arbeiteten. An mein Bett gefesselt, von waschenden und pflegenden Händen abhängig, begann ich, das Geschenk des Alltags zu ahnen. Da lernte ich, danke zu sagen.

Aber die Bitterkeit der Verzweiflung hat mich oft stumm gemacht. Gelähmt, wie meine Seele war, hat sie dir nicht einmal mehr Vorwürfe gemacht. Wie viele Wege mußte ich gehen, um meinem Leben Dankbarkeit für die Selbstverständlichkeiten hinzuzugewinnen. Das hat meine Seele reicher gemacht. Und dafür danke ich dir.

Dienst am Wort

Die Reihe für Gottesdienst und Gemeindearbeit
Bei Subskription der Reihe etwa 10% Ermäßigung

58: Hans Jürgen Milchner (Hg.)
Jubiläumstrauungen
Einander weiterhin anvertrauen.
1992. 170 Seiten, kart.
ISBN 3-525-59322-8

75: Hans Helmar Auel /
Hildegard Hamdorf-Ruddies /
Manfred Josuttis /
Hans-Dieter Stolze (Hg.)
Zitate zum Kirchenjahr
Eine Sammlung für die praktische
Auslegung. Band 1: Advent bis
Christi Himmelfahrt. 1996.
148 Seiten, kart.
ISBN 3-525-59339-2

74: Sönke Remmert
Bibeltexte in der Musik
Ein Verzeichnis ihrer Vertonungen.
1996. 231 Seiten, kart.
ISBN 3-525-59338-4

73: Hans-Dieter Stolze
Urlaub – das Herz hat Ausgang
Anregungen für Gemeindearbeit
und eigene Besinnung. 1996. 159
Seiten mit 1 Abb., kart.
ISBN 3-525-59335-X

72: Hans Jürgen Milchner (Hg.)
Himmelfahrt –
die Nähe Christi feiern
Predigten und liturgische
Entwürfe. 1996. 160 Seiten mit
2 Abb., kart.
ISBN 3-525-59337-6

71: Heinz-Günter
Beutler-Lotz (Hg.)
Die Bußpsalmen
Meditationen, Andachten,
Entwürfe. 1995. 141 Seiten, kart.
ISBN 3-525-59336-8

70: Johannes Winkel
Die Ich-bin-Worte Jesu
Texte, Kommentare, Entwürfe.
1995. 160 Seiten mit 1 Abb. und
1 Dia, kart.
ISBN 3-525-59334-1

69: Michael Meyer
Die sieben Worte Jesu am Kreuz
Ausgelegt, gepredigt, weiter-
gebetet und zum Nachklingen
gebracht. 1995. 160 Seiten, kart.
ISBN 3-525-59333-3

68: Karl Friedrich Becker
Frieden – Umkehr – Heimkehr
Die letzten Wochen des Kirchen-
jahres. Mit Beiträgen von Pater
Superior Bruno Pfeifer SJ und Erika
Becker. 1994. 159 Seiten, kart.
ISBN 3-525-59332-5

V&R
Vandenhoeck
& Ruprecht

„Eine geistlich reiche, zuverlässige Hilfe."

Josef Eckert in: die katholische aktion

Gerhard Ruhbach /
Anselm Grün /
Ulrich Wilckens (Hg.)

Meditative Zugänge zu Gottesdienst und Predigt

Sechs Predigttext-Reihen und
Marginaltexte sowie Psalmen.
16 Bände und Einführungs-
band. 1989-1998. Je Reihe
zwei Halbbände, je Band ca.
170 Seiten, kartoniert

Die „Meditativen Zugänge zu
Gottesdienst und Predigt"
legen Wert auf den möglichst
engen Bezug der biblischen
Texte zu den liturgischen
Teilen wie Liedern (nach dem
Evangelischen Gesangbuch
und dem Gotteslob), Gebeten
und Lesungen. Die Bände I-VI
folgen den Textreihen (Lese-
Predigt-Ordnung) der evange-
lischen Kirche. Auf die drei
Lesereihen der katholischen
Kirche wird verwiesen.

Das Angebot zum Neubeginn
der "Lese- und Predigt-
ordnung":
12 Bände und Einführungs-
band „Meditation und Gottesdienst" in einer Kassette
zum Vorzugspreis
(ISBN 3-525-60280-4) und

anschließende Subskription
der seit 1. Advent 1996 bis
1998 erscheinenden Reihen
VII,1 bis VIII,2 (4 Bände).

Erweiterung der Reihe

Die ursprünglich auf zwölf
Teilbände angelegte Reihe
wird um vier Teilbände erwei-
tert und verstärkt den ökume-
nischen Gesichtspunkt:

VII,1 und 2: Marginaltexte
nach der (evang.) Lese- und
Predigtordnung und weitere
Evangelientexte nach dem
(kath.) Ordo lectionum missae.

VIII,1: Psalmtexte und Texte
zu Gedenktagen der Kirche.

VIII,2: Schlußbeiträge, u.a.
Aufbau des Kirchenjahres
(evang. und kath.), Sachregi-
ster, Bibelregister (mit Synopse
der evang. und kath. Leseord-
nung).

Die Subskribenten der Reihe
„Meditative Zugänge zu
Gottesdienst und Predigt"
erhalten die Bände im Rahmen
ihrer Fortsetzung zum
Subskriptionspreis.

V&R

Vandenhoeck
& Ruprecht